Keith Sonnier
Public Commissions in Architecture
1990 – 1999
Licht und Architektur
Öffentliche Auftragsarbeiten

Kunsthaus **Bregenz**
archiv kunst architektur
Werkdokumente 16

Hatje Cantz Verlag 2000

Keith Sonnier
Public Commissions in Architecture

Licht und Architektur
Öffentliche Auftragsarbeiten

Keith Sonnier
öffentliche Auftragsarbeiten

Walter Zschokke
Twilight of Colors
Light Installations by Keith Sonnier
in an Architectonic Context

Keith Sonnier with Dietmar Eberle in dialog
Munich, September 30, 1999

Keith Sonnier
zu seinen öffentlichen Auftragsarbeiten

Walter Zschokke
Zwielicht mit Farben
Lichtinstallationen von Keith Sonnier
im architektonischen Kontext

Keith Sonnier und Dietmar Eberle im Gespräch
München, 30. September 1999

Since I began to work on public commissions, my working
process has changed very much. I began to rethink certain
aspects of the artistic arena that I have been involved in
for the last twenty-five years, namely that of galleries and
museums. These structures are basically nineteenth century
ideas or formats for experiencing art and they seem to work
less for me at this point. Individual sculptures can demand
a considerable pre-production period, which involves a
great amount of effort and yet just a short time is generally
available for the work to be experienced. For this reason,
making art for a permanent site-specific area is more
appealing to me as an artist.

In conceiving my largest installation to date, **Lichtweg**
at Munich International Airport, I was forced to work much
more conceptually because one cannot physically see
the entire artwork at one time or place. Once the thousand-
meter space was divided into visual "zones" or "acts",
I began to think of the piece as a symphony gaining a certain
momentum from one movement to another. The initial
design drawings were very much like musical scores.

Public commission work has allowed the perceptual
elements of my work to achieve the kind of effects that
cannot be obtained in the smaller space of a gallery or
museum. I have been able to extend my chromatic
investigation and reach a broader and less specialized
audience. I conceive my public commission works as both
utilitarian objects and functional signs. My interventions in
public space take the form of serviceable structures that
endeavor to render the urban context a more readable
environment.

My current experience in working on public commissions
places a strong emphasis on the collaboration between
the architects, the engineers and the artist. This is fundamental to the success of the project and, in this way, the
artist is more than a mere contractor. Only a collaborative
process can effectively pull the artwork out of the realm
of decoration, and make it a meaningful and integral
presence in the community.

Cineac – a cinema house featuring only newsreels – was
built by Johannes Duiker in Amsterdam in 1934. It united
almost all of the elements that a European interested in art
and architecture has generally associated with the combination of "architecture and fluorescent light": advertisement,
urbanism, pleasure, a quickly alternating program of
information and services round the clock. The letters of the
word "Cineac" towering over the building at almost twice its
height and the lateral, vertical, luminescent window walls
and illuminated rooms behind clear, transparent glass
already offered a rich diversity of light effects in urban space.

The incandescent, rapidly changing lights of the metropolis
were reflected in a number of films – the moving photograph –
symbolizing the wake of "modern times", movement driven by
engines and industrialized labor with increasing production.
The department store **Schocken** in Stuttgart, 1926–28,
demolished in 1960 (!), and other buildings designed by
Erich Mendelsohn represented a new style of life in Germany.
The distinction between goods and buyer was to be elimin-
ated as a result of the large, illuminated shop windows

(Hilberseimer). Then came a counter-movement to modernism, wars of aggression, air attacks and blackouts. Nighttime lights referred to human, social life, to work and pleasure, to the elimination of the traditional division of a day, the offensive use of each of the 24 hours. In the sixties, when the advent of jet traffic moved the USA and Europe closer together, this light once again became prevalent in the western half of the old continent in both larger and smaller towns. Times Square and Piccadilly Circus came to symbolize a hectic pace, now seen in a more positive light and as the reemergence of urban life after the Second World War.

Keith Sonnier's works can be viewed against this rich background which reaches back into the history of the 20th century. These works allow us to explore a fascinating spectrum and diversity in the interaction of artwork and architectural setting. Sonnier has adopted a sensitive approach in exploring a spatial situation and the neighboring surfaces, and often seeks out difficult contrasting contexts. Many of his works relate directly to strands and nodes of contemporary traffic systems and to movement and change through motion in space. They also take into account neighboring light sources and reflecting surfaces as well as the changes of natural life.

The artist created **Pro Eco** for a streetcar station on Canal Street in New Orleans, Louisiana, in 1991. The kiosk building supports three latticework structures with small saddle-back roofs on a sort of upper level. They each bear three letters created with fluorescent lamps in six colors. The viewer can read "PRO" in the direction of the street and the word "ECO" in the direction of the sidewalk. Whereas the latticework structure is crossed out with drawbars that disappear in the dark of night, the three small roofs form a closed surface. Their bottom sides are illuminated by the light of the letters resulting in smooth color transitions and underscoring the protective, accommodating character of the small building for both words. The over-emphasis of the architectonic element also enhances the symbolism of the artistic inter-vention in relation to the kiosk below it.

The work **Lichtweg** (Light Path), 1989–92, accompanies an almost one thousand meter long pedestrian pathway at the Munich airport. While walking or moving on elevators, the passenger passes through the extended transit space, which reveals an intricate, ubiquitous system structure on the wall cladding. Sonnier's general art concept overplays this nervous and also boring, monotonous staccato by submersing larger zones in a single light color, interspersing it by the irregular rhythm of symbolic interventions, i.e. by lights before and behind glass and metal screens that resemble a screen when flat and a reflector when folded. Lines of yellow and bluish fluorescent light tubes on the ceiling create references to the wall. The artwork is perceived as a dynamic process and as such relativizes, or even eliminates, the menacing length of the tunnel-like passage.

In 1994, the artist created **De Rouge à Bleu** for the métro station "Joffre" in Rouen, France. It was an intervention on a head wall of the subway stop. The subway track goes under ground immediately before the station. As a result the light space profile over the tracks appears to be a slightly lit (non-passable) portal to the upper world through which the respectively expected train rolls in. Both surfaces created by incandescent tubes, horizontally divided in red and blue, thus flank the track portal, which is almost blinding in clear weather. The artist plays with the adaptive ability of the human eye. While waiting, the observer can see a lighter transition from daylight to the darker subway station with its conventional lighting. When a train enters, it obscures the daylight so that the luminous surfaces next to it seem to stand out even more. The end of the vertical space is thus dissolved in a curtain of colored light. It is an image that travels on in the memory of the passengers.

The helicopter platform of Miami International Airport serves as the backdrop of **Miami Heliotrope,** 1996. The construction is placed on six massive beams measuring almost four stories in height. The underside view, a sort of fifth façade, is smoothly clad with tin elements. There is a closed connecting pathway on the first upper level between the supporting poles. A double lattice structure has been placed in the remaining air space below the semi-circular ends of the elevated construction. Triangular prisms dissolved in the lattice structure hang askew in the in-between space.

The edges and diagonals are followed by fluorescent light tubes in different colors whose reflection illuminates the lower side of the construction. When dusk begins the illuminated prisms on the poles seem to heat up the upper construction. The play of light separates it from the elevated area of the lower pathways, emphasizing it and making it resemble a dirigible.

A dark, shaft space, fifteen meter high, is the setting of the installation **Tunnel of Tears** which was created at the P.S.1 Museum in Long Island City in 1997. The walls of the former air-exhaust shaft made of soot-covered bricks absorb almost all the light entering the glazed upper end. Like butterflies, the forty simple loops in red and blue seem to inhabit the shaft space. They create a sort of "basic elements" of various German script letters, that are often used in illuminated advertisements made of bent glass tubes. Or their form that refers to a spiral-like movement recalls traces of fireflies on their nightly flight. With this installation Sonnier has succeeded in conquering the darkness of space, in over-coming the oppressive narrowness of the exhaust shaft. With his floating lights he seems to counter hopelessness with the confidence that things will develop and life will go on.

The light installation for the Kunsthaus Bregenz, **Millennium 2000,** was created in 1999. The artist has mounted fluorescent tubes at specific spots in the tight spatial coat of the auratic building that extends around the tower-like reinforced

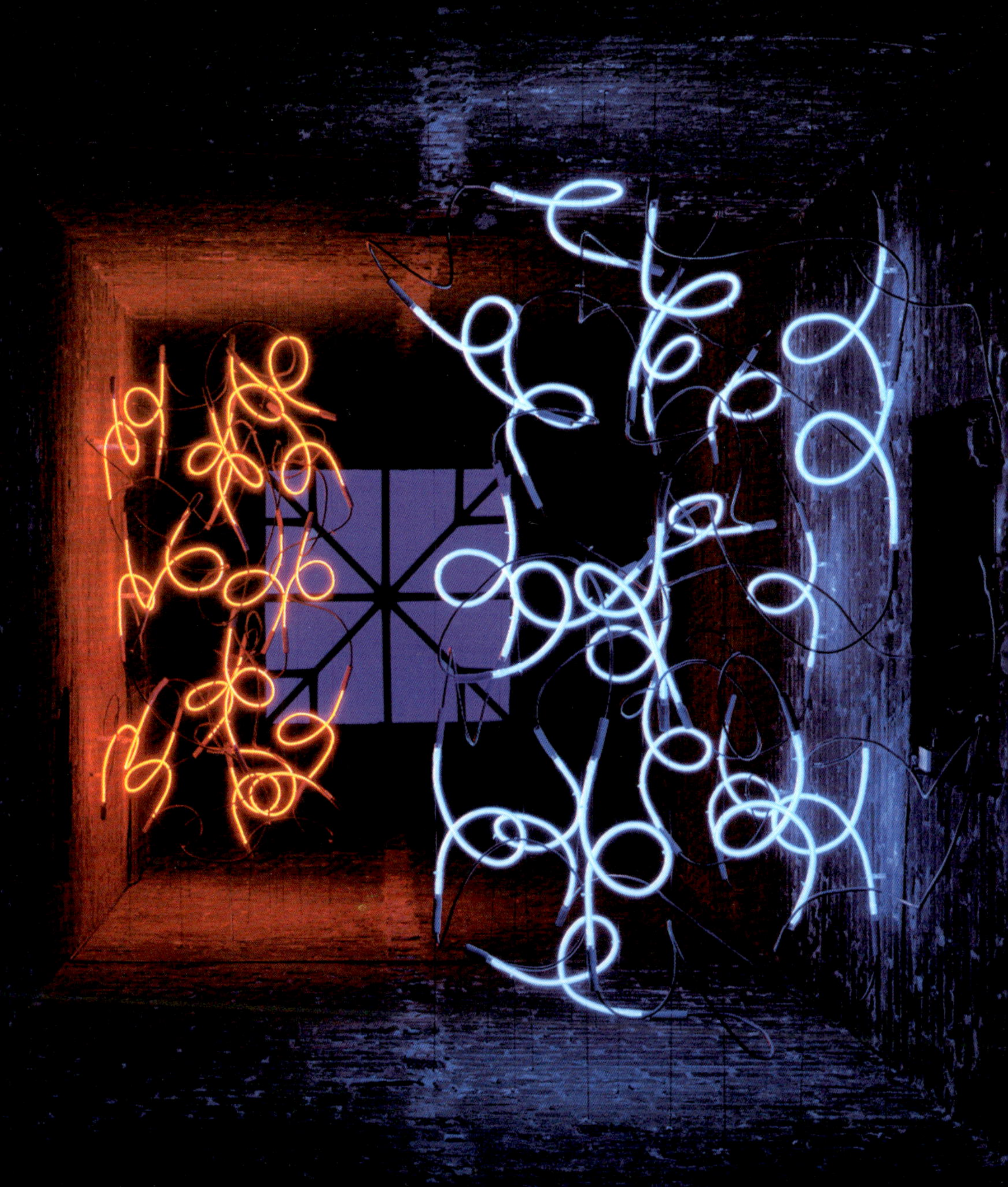

concrete construction. They refer to the grid of the protective glass plates that also recall a proportional raster with their diagonal stays that are more allusive than actually visible. Sonnier uses this changing backdrop like squared paper on which the lines of his fluorescent lamps merge to form figures. He employs a number as high as the building to turn the façade of the Kunsthaus facing the square into one large display with the smaller numbers following below in the rows of the glass sheet raster. He thus intervenes in the space of the square, shifting familiar proportions and marginalizing the already very reserved entrance.

As in his other works he first addresses already existing elements. The creative effect of his installation generates a vector that refers to the content from which his architectonic work to date makes a radical departure. However, it does not create an irresolvable contradiction to it, but only triggers a great tension that gives his work a new general character. The light artist does not fight against the construction but uses it as the basis for new experiences with light and architecture.

To the extent that they refer to the outer space Keith Sonnier's works develop their strongest effect not when it is pitch-dark but when dusk sets in. This is when the contours of the buildings become softer, when the mild evening light and the outer and inner lighting reach a balance. The buildings begin to live with the light when two types of light sources are given that can be described as twilight without any negative connotation. In this transitional phase Sonnier's works relate most intensely to architecture and space, expanding in terms of content and light space in a diversity of ways. When night falls, the buildings lose their tension, even radiating from within in some spots. The relationship has, however, changed. The artificial light alone dominates the scene. References have become as transparent and unambiguous as on a bright and clear day.

Tunnel of Tears
P.S.1 Contemprary Arts Center, New York
Neon and argon
Temporary indoor installation
Photo: Steven Tucker

Keith Sonnier: We are working together – I guess we should say that we are both involved in a collaborative project together in Munich and this is how we met, doing a treatment for a tunnel at Münchener Rückversicherung. Perhaps you all are doing other work there, I am not sure. Is it only the tunnel or are there other things? – I have seen some of the architecture from your firm, and we almost collaborated on another project, I think last year…

Dietmar Eberle: …last year.

It was again an office building of some kind, but something you had built from scratch and I remember it very well because it had these wonderful moving, wooden walls. It was interesting for me because when I went to the site to see the building it reminded me of the beautiful peasant architecture of the area which I had completely fallen in love with. And I liked the fact that you had incorporated the natural look of the area with the techno look of the building – it was a wonderful combination.

We are sitting now in your exhibition which will open tomorrow, and it is really a great exhibition. And for me it is a very good example what light, or artists working with light, can do with a building. It really brings the building into focus and fixes it to the site.

First of all, it's always a question of whether the art will work well with the architecture. It's a very fundamental question and there's a lot of discussion about this problem. On the other hand, it is very special to me how you work directly with light, because light is one of the premier elements we create architecture with. So this is an area where artists and architects should and can work together.

I am always interested in working with artists when, through their work, the architecture is viewed differently and another quality is added to the building, or you see it from a different perspective or, as we say in German, "in einem anderen Licht sehen".

Right. Well I know more and more, having worked on architectural commission work for almost 15 years, I notice that the influences on my thinking have changed very much over the years. When an artist and an architect work together – and it's a true collaboration – all of a sudden then there is a real meeting of minds and not only the art is expanded, but the architecture too is used in another way. Because the principle of architecture is that it is a medium to be used. And more and more, I am drawn to make art that has to function in some sort of way. It has to be used in some sort of capacity to fully acculturate its artistic role, and this is something that is becoming more and more a direction in my work. And even now the new works are very concerned with a kind of architectural manipulation of volume in space. Light has always been a way for me to create volumetric spaces within an already existing space, and that has become very interesting to me. And then color, when you treat color as volume, as opposed to applying it on a surface, it has a very different sort of feeling and maybe a closer relation-ship to architecture if you think about it in those terms.

But – my experience within the last years is that art and architecture are coming closer and closer, I think it's very important to hear that your work has become more functional than say, 20 years ago.

Yes…

…and it is not only attached to a wall or something, it has to be used. And therefore, I think a lot of artistic work within the last years really deals with rooms that can be used…

Right.

…and to transform these rooms into different levels…

Right.

On the other side, I think there is a big development within architecture that is receptive to an architecture that is more and more immaterial. And within architecture there are two movements within this immateriality – I don't know the word in English…

On one hand, it is the recognition that rooms get more and more abstract and get more and more reduced. Reduction and abstraction – that is one point of view in architecture. And on the other hand, the material itself gets more and more important, but in the end it is the same. We are sitting in a building where the material itself is concrete all over, but it is on a very high abstract level that takes into account how you react afterwards to this very materialistic building. So for me, the developments within architecture and within the arts bring them closer and closer in the sense that they have more and more the same goals, the same technologies, the same ideas of what they are doing. And I think this old division between architecture and arts – that architecture has to be something only usable and art has only to be something very decorative maybe – that is gone.

Yes. I think so.

And I think that is a very interesting development. And maybe this is also the point where I can see the collaboration between architects and artists getting easier.

Yes. I think there was a problem before when architects had no real interest or understanding of contemporary art and similarly some artists had no understanding or interest in architecture. Unfortunately art was something that you put in the corner, and in the end it made the architecture look bad and it made the art look bad, because it became violated by the space and functioned as decoration. And the architect does not want that because he does not want to change the look and the feeling of the building, and the artist definitely does not want it for that very same reason. So it is much better to approach the work on equal terms and to think about what is going to make this habitat or this building or this situation function on as many levels as possible. And I realized this before in a curious way. Before I began a lot of my work in architecture, I traveled a tremendous amount in the East.

I was very drawn to India, which is one of my favorite countries. And I was very drawn to how art is experienced in the East. Not so much about what it was – I mean I love old architecture and I love temples and all old cities – but it was how people experience art that I was drawn to. In India, for example, they use the art to death.

It has to be pulled down to a human level. So a temple
becomes a sort of open architectural arena. It is not like
in the West, in churches for instance, where you are here
and art is there, so to say, and in-between there's this
iconographic distance. In India, the art, the people…
everything is all on the same level. And this happens in
other cultures too, of course, it happens in Hindu culture,
and it happens now very much in contemporary Western
culture, where all of these things come together, and
they have to be really sort of function in the modern world.
We cannot – we do not have the time, we do not have the
money… we have got to make things all fit into one
cosmos.

In my opinion the situation you describe now was nearly
the situation in Europe until the 18th century.

Oh it was very much like that – you are absolutely right.
It's a known thing.

But in our minds you know, the experience of the last 150
years where art separated from architecture…

It is a reintroduction of what has always been there.
Because I think even on the most primitive, Paleolithic
levels, it has always been all the same – dwelling, art
and experience – it was all within one realm.

On one level. Different points on one level. I somehow feel that what we are doing now is normal, and it has been the norm in some cultures for a long time.

Right.

And you know that it is maybe very interesting, because this separation began somehow 150 years ago because the artists had to define a new position against society because they were not used any more that much within society…

With any real reason in a way – because I think art has always had to direct and influence culture, and if it does not have that role, it has no role.

But you know, maybe, the big success of our society was that in the starting of our society, this separation of the disciplines started.

Yes. And I think it happened not only in the arts and architecture but in all other aspects of culture…

And somehow I think the big opportunity within the next twenty, thirty years, will be I guess, that we recognize that problems will get more and more complex, and it is not good anymore if you are too specialized. You need more and more people who bring different points of view to the project at hand and who have a mutual understanding.

We need people who can bring these very different points
of knowledge together.

Seit ich begonnen habe, Auftragsarbeiten für den öffentlichen Raum zu realisieren, hat sich meine Arbeitsweise sehr verändert. Ich fing an, gewisse Aspekte des Kunstsystems, in dem ich mich in den vergangenen 25 Jahren bewegt hatte, namentlich in Galerien und Museen, zu überdenken. Diese Strukturen sind im Grunde Ideen oder Größen, die aus dem 19. Jahrhundert stammen und meiner Ansicht nach so heute nicht mehr ganz entsprechen. Die Herstellung einzelner Skulpturen kann mit einem derart umfangreichen materiellen und zeitlichen Aufwand verbunden sein, dass das Missverhältnis zur Dauer ihrer Präsentation in Ausstellungen eklatant wird. Aus diesem Grund ist es für mich als Künstler interessanter, eine permanente Installation für eine spezifische Situation zu konzipieren.

Als ich meine bisher größte Installation, das Projekt **Lichtweg** für den Internationalen Flughafen in München, entwarf, war ich gezwungen, viel mehr konzeptuell zu arbeiten als zuvor, weil es rein physisch nicht möglich ist, das gesamte Kunstwerk von einem Standpunkt aus zu überblicken. Sobald der eintausend Meter lange Bereich

in visuelle »Zonen« oder »Akte« unterteilt war, begann ich,
die Arbeit als eine Art Symphonie zu betrachten, die einen
gewissen Impuls durch eine Bewegung bekommt, welche
wiederum eine weitere auslöst. Meine ersten Entwurfsskizzen hatten große Ähnlichkeit mit Partituren.

Öffentliche Auftragsarbeiten haben es den wahrnehmungs-
bedingten Elementen meiner Arbeit ermöglicht, die Art
von Wirkungen zu erzielen, die in einem kleineren Raum
einer Galerie oder eines Museums gar nicht erreicht werden
können. Ich konnte meine Farbforschungen ausweiten und
ein breiteres, weniger spezialisiertes Publikum erreichen.
Ich betrachte meine öffentlichen Arbeiten als Gebrauchs-
objekte und als funktionale Zeichen zugleich. Meine Interventionen im öffentlichen Raum bilden Strukturen, die dazu
dienen sollen, den städtischen Kontext lesbarer zu machen.

Meine aktuellen Erfahrungen mit öffentlichen Auftragsarbeiten legen nahe, die Zusammenarbeit zwischen
Architekt, Ingenieur und Künstler in den Vordergrund zu
stellen. Dies ist grundlegend für den Erfolg eines Projektes,
wenn der Künstler mehr sein soll als ein bloßer Zulieferer.
Nur ein Prozess der Zusammenarbeit kann das Kunstwerk
wirksam aus dem Bereich der Dekoration befreien und
ihm zu einer bedeutungsvollen und integralen Präsenz in
der Gemeinschaft verhelfen.

Das Aktualitätenkino **Cineac,** von Johannes Duiker 1934 in Amsterdam errichtet, vereinigt nahezu alle Elemente, die der kunst- und architektursinnige Europäer mit der Kombination »Gebautes und Fluoreszenzlicht« bisher verbinden mochte: Reklame, Urbanität, Vergnügen, schneller Wechsel sowie Informationen und Dienstleistungen rund um die Uhr. Die das Gebäude fast um das doppelte überragende Reklame mit dem Schriftzug »Cineac« hoch oben sowie seitlich vertikal, transparent leuchtende Fensterwände und einsichtige, weil erhellte Räume hinter Klarglas boten bereits eine Vielfalt der Wirkungen im Umgang mit Licht im Stadtraum.

Die gleißenden und heftig wechselnden Lichter der Großstadt fanden in zahlreichen Filmen – dem bewegten Lichtbild – ihre Reflexion als Sinnbild der nun angebrochenen »modern times«, von motorisch beflügelter Bewegung und industrialisierter Arbeit bei steigender Produktivität. Das **Kaufhaus Schocken** in Stuttgart, 1926–28, abgebrochen 1960 (!), und andere Bauten von Erich Mendelsohn standen in Deutschland für die neue Lebensweise, in der eine Trennung von Ware und Käufer als Folge der großen beleuchteten

Schaufenster aufgehoben sein sollte (Hilberseimer). Dann kamen Gegenmoderne, Angriffskrieg, Luftkrieg und Verdunkelung. Die Lichter in der Nacht, diese Hinweise auf menschlich-gesellschaftliches Leben, auf Arbeit und Vergnügen, auf die Aufhebung der traditionellen Einteilung des Tagesablaufs, die offensive Nutzung jeder einzelnen dieser 24 Stunden, fanden in den Sechzigerjahren, als die USA und Europa einander durch die Düsenverkehrsflugzeuge entscheidend näher gerückt waren, wieder Verbreitung bis in die Mittel- und Kleinstädte der westlichen Hälfte des alten Kontinents. Times Square und Piccadilly Circus waren Inbegriffe dieser positiv gesehenen Hektik und des Wiederaufstiegs großstädtischen Wesens nach dem Zweiten Weltkrieg.

Vor diesem tief in die Geschichte des 20. Jahrhunderts gestaffelten Hintergrund können wir heute an die Werke von Keith Sonnier heran treten, um ihre spannende Breite und Vielfalt im Zusammenwirken von Kunstwerk und unmittelbar umgebender Architektur auszuloten. In sensibler Weise geht Sonnier dabei auf die Raumsituation und die benachbarten Oberflächen ein und sucht sich nicht selten anspruchsvolle Kontrastsituationen aus. Viele seiner Arbeiten stehen in einem unmittelbaren Kontext zu Strängen und Knoten zeitgenössischer Verkehrssysteme, nehmen direkten Bezug auf Bewegung und Veränderung durch Bewegung im Raum. Oder sie berücksichtigen benachbarte Lichtquellen und reflektierende Flächen sowie die Veränderungen des natürlichen Lichts.

Für eine Haltestelle des »streetcar« in der Canal Street in New Orleans, Louisiana, entstand 1991 die Arbeit **Pro Eco.** Das Wartehäuschen trägt in einer Art Obergeschoß drei Stabwerkhäuschen mit kleinen Satteldächern. Sie beherbergen je drei aus Fluoreszenzleuchten in sechs Farben gebildete Lettern. Zur Straße hin ist »PRO« zu lesen, zum Gehsteig das Wort »ECO«. Während das Stabwerk mit Zugstangen ausgekreuzt ist, die sich im Abenddunkel verlieren, sind die drei kleinen Dächer flächig geschlossen. Ihre Unterseiten werden vom Licht der Lettern angeleuchtet, so dass sich gleitende Übergänge der Farbtöne ergeben. Das Herausheben der Dachunterseiten durch Anleuchten bekräftigt den schirmenden, Raum bildenden Charakter der Häuschens für die beiden Wörter. Mit der architektonischen Überhöhung steigert sich zugleich die Zeichenhaftigkeit der künstlerischen Intervention in Bezug auf das darunter befindliche Wartehäuschen.

Die Arbeit **Lichtweg,** 1989 – 92, begleitet eine Fußgängerverbindung im Münchner Flughafen von fast eintausend Metern Länge. Zu Fuß, auf Rollsteigen durchfährt der Passagier den lang gestreckten Durchgangsraum, der eine kleinteilige, ubiquitäre Systemstruktur der Wandverkleidung aufweist. Das künstlerische Gesamtkonzept von Sonnier überspielt dieses nervöse und zugleich langweilig-monotone Stakkato, indem er größere Zonen in eine einzige Lichtfarbe taucht, unterbrochen vom unregelmäßigen Rhythmus zeichenhafter Interventionen, das heißt mit Lichtern vor und hinter gläsernen und metallenen Blenden, die flach als Schirm und plissiert als Reflektor wirken. Linien aus gelb und bläulich leuchtenden Fluoreszenzröhren an der Decke schaffen Bezüge zur Wand. Das Kunstwerk wird als dynamischer Ablauf wahrgenommen, der die bedrohliche Länge der tunnelartigen Passage relativiert und für manche sogar aufhebt.

Für die Metro-Station »Joffre« in Rouen, Frankreich, entstand 1994 die Arbeit **De Rouge à Bleu,** bei der die Intervention eine Stirnwand der U-Bahnstation betrifft. Die U-Bahntrasse taucht unmittelbar vor dieser Station unter die Erde, weshalb das Lichtraumprofil über den Gleisen als hell erleuchtetes, (nicht betretbares) Portal zur Oberwelt erscheint, in das jeweils der erwartete Zug einrollt. Die beiden aus Leuchtröhren erzeugten Flächen, in halber Höhe geteilt in rot und blau, flankieren somit das bei klarem Wetter fast blendende Schienenportal. Der Künstler spielt mit der Adaptationsfähigkeit des menschlichen Auges. Beim Warten sieht der Betrachter eine hellere Übergangsfläche vom Tageslicht zur dunkleren, da konventionell beleuchteten Metro-Station. Wenn nun ein Zug einfährt, verdeckt dieser das Tageslicht, so dass die leuchtenden Flächen daneben stärker hervortreten. Der Abschluss des Längsraumes wird damit in einen Vorhang aus farbigem Licht aufgelöst, dessen Bild die wegfahrenden Passagiere in der Erinnerung mitnehmen.

Die Helikopterplattform des Miami International Airport bildet den Ort für das Werk **Miami Heliotrope,** ausgeführt 1996.

Das Bauwerk ist auf sechs kräftigen Rundstützen gut vier Geschoße hoch aufgestelzt. Die Untersicht, eine Art fünfte Fassade, ist glatt mit Blechelementen verkleidet. Zwischen den Stützen verläuft im ersten Obergeschoß ein geschlossener Verbindungsgang. In den verbleibenden Luftraum unter den halbrunden Enden des aufgestelzten Baukörpers ist ein doppeltes Stabwerk platziert: In Gitterwerk aufgelöste Dreikantprismen hängen windschief im Zwischenraum. Den Kanten und Diagonalen folgen verschiedenfarbige Leuchtröhren, deren Widerschein die Untersicht des Baukörpers aufhellt. Bei Eintritt der Dämmerung scheinen die erleuchteten Stabprismen dem oberen Baukörper gleichsam einzuheizen. Das Lichtspiel trennt ihn von der Zone der darunter ebenfalls aufgestelzten Verbindungsgänge, hebt ihn heraus und lässt ihn schweben wie ein Luftschiff.

Ein finsterer Schachtraum, fünfzehn Meter hoch, ist der Ort für die Installation **Tunnel of Tears,** die 1997 im Rahmen des P.S.1 Museum in Long Island City entstand. Die Wände des ehemaligen Abzugsschachts aus verrußten Ziegeln saugen das Licht, welches durch den verglasten oberen Abschluss eindringt, fast gänzlich auf. Wie Schmetterlinge scheinen die etwa vierzig einfachen Schlaufen in Rot und Blau den Schachtraum zu bevölkern. Sie bilden eine Art »basic elements« verschiedener Kurrentlettern, wie sie für leuchtende Reklameschriften aus gebogenen Glasröhren oft und gern verwendet wurden. Oder ihre Form, die auf einen spiraligen Bewegungsablauf verweist, erinnert an Spuren

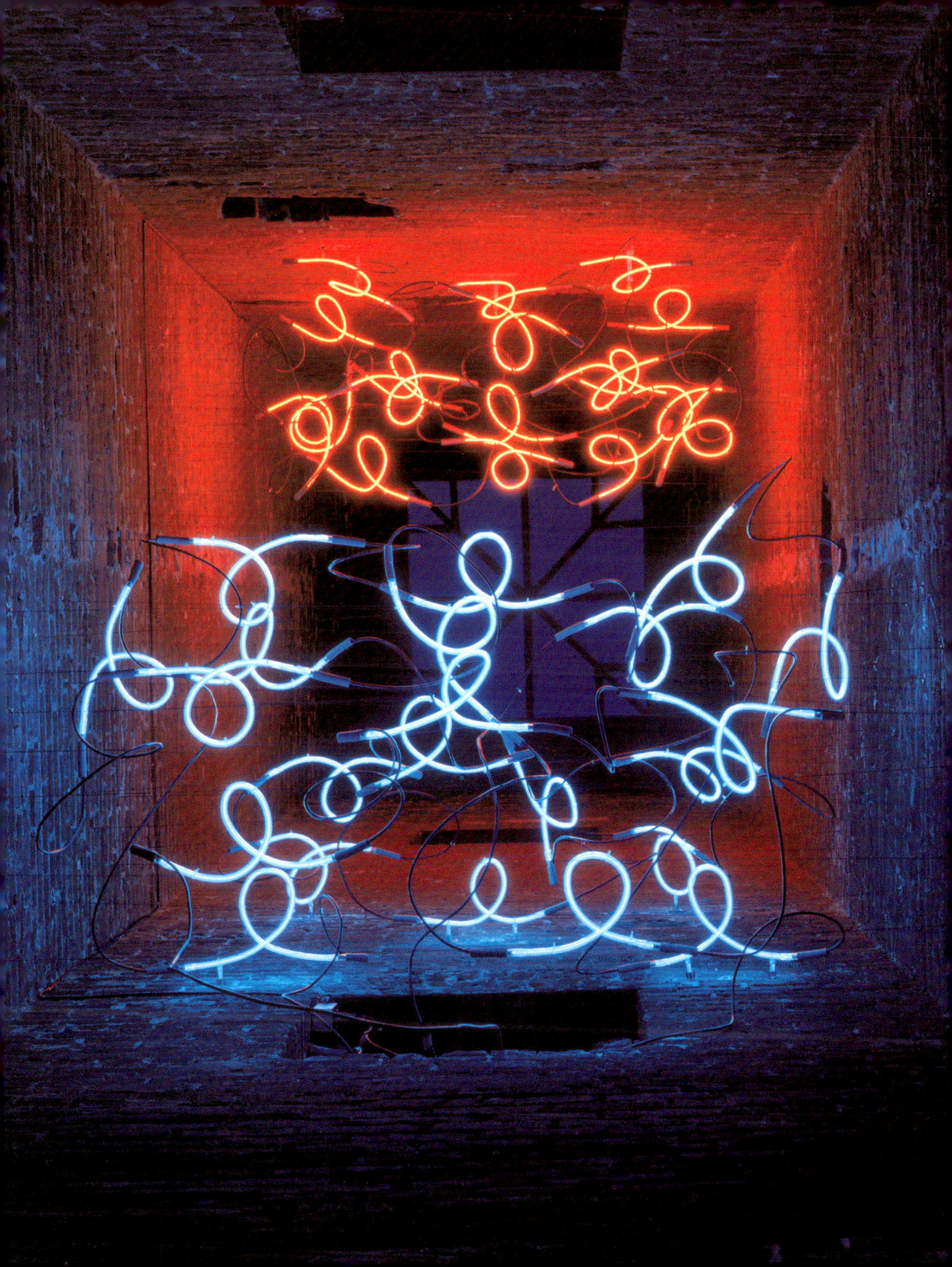

von Leuchtkäfern beim nächtlichen Flug. Mit dieser Installation gelingt es Sonnier, die Düsternis des Raumes zu bezwingen, die bedrohliche Enge des Abzugsschachts zu überwinden, und mit seinen schwebenden Lichtern der Hoffnungslosigkeit Zuversicht entgegen zu setzen, dass sich die Dinge entwickeln werden und das Leben weitergeht.

Die Lichtinstallation für das Kunsthaus Bregenz, **Millennium 2000,** datiert von 1999. Im knappen Raummantel des auratischen Gebäudes, der sich hinter geschuppter Glashaut um die turmartige Stahlbetonkonstruktion herumzieht, sind Leuchtstoffröhren gezielt angeordnet. Sie nehmen Bezug auf das Liniengitter der schirmenden Glastafeln, das durch die mehr ahn- als sichtbaren Diagonalverspannungen auch an einen Proportionalraster erinnert. Sonnier verwendet diesen changierenden Untergrund wie kariertes Papier auf dem sich die Striche seiner Leuchtstoffröhren zu Ziffern fügen. Mit einer gebäudehohen Zahl macht er aus der Platzfassade des Kunsthauses ein einziges großes Display, dem die kleineren Ziffern in den Zeilen des Glastafelrasters untergeordnet sind. Damit greift er in den Platzraum ein, verschiebt gewohnte Proportionen und marginalisiert den ohnehin zurückhaltend gesetzten Eingang.

Wie bei seinen anderen Arbeiten knüpft er vorerst an das Bestehende an. Mit der gestalterischen Wirkung seiner Installation erzeugt er aber einen inhaltlichen Vektor, der vom bisherigen architektonischen Ausdruck dezidiert wegstrebt,

zu diesem aber nicht einen unvereinbaren Gegensatz
aufbaut, sondern vielmehr eine intensive Spannung, die in
einen neuartigen Gesamtcharakter mündet. Der Licht-
künstler kämpft nicht gegen das Bauwerk an, sondern nützt
es als Basis für neue Licht- und Architekturerfahrungen.

Die Arbeiten von Keith Sonnier, sofern sie in einem Bezug
zum Außenraum stehen, entfalten ihre stärkste Wirkung
nicht etwa bei völliger Dunkelheit, sondern bei eingetretener
Dämmerung. Wenn die Konturen der Baukörper weicher
werden, wenn das milde Abendlicht sowie Außen- und
Innenbeleuchtung in einen Gleichstand treten, der, weil
eben zweierlei Lichtquellen vorhanden sind, ohne negativen
Unterton Zwielicht genannt wird, beginnen die Bauwerke
zusammen mit der Beleuchtung zu leben. In dieser Über-
gangszeit entwickeln Sonniers Werke die intensivste
Beziehung zu Architektur und Raum, dehnen sich inhaltlich
und lichtraummäßig vieldeutig aus. Wenn es Nacht geworden
ist, verlieren die Baukörper ihre Spannung, leuchten
vielleicht da und dort von innen heraus, doch hat sich das
Verhältnis gedreht; das Kunstlicht beherrscht allein die
Szenerie, die Bezüge sind wieder klar und unzweideutig
wie am helllichten Tag.

Tunnel of Tears
P.S.1 Contemprary Arts Center, New York
Neon und Argon
Temporäre Innenraum-Installation
Foto: Steven Tucker

Keith Sonnier: Wir arbeiten gemeinsam. Ich denke,
wir sollten zunächst festhalten, dass wir beide an einem
Gemeinschaftsprojekt in München beteiligt sind und
wir uns auch dort kennengelernt haben. Unser Projekt
bestand in der architektonischen Gestaltung eines Durch-
gangs in der Münchener Rückversicherung. Vielleicht
arbeiten Sie dort auch an anderen Projekten, ich weiß
es gar nicht. Ist es nur der Durchgang oder gibt es auch
andere Dinge? – Ich habe einiges von der Architektur
gesehen, die Ihr Büro gebaut hat, und beinahe wäre es
zu einer Zusammenarbeit bei einem anderen Projekt
gekommen, ich glaube, das war letztes Jahr…

Dietmar Eberle: …letztes Jahr.

Es war ebenfalls ein Bürogebäude, aber eines, das Sie
zur Gänze selbst geplant haben. Ich kann mich sehr gut
daran erinnern, da es diese wunderbaren beweglichen
Wände aus Holz hatte. Es war für mich interessant,
denn als ich das Gebäude besichtigte, mußte ich an die
schöne bäuerliche Architektur der Umgebung denken,

in die ich mich völlig verliebt hatte. Und es hat mir
gefallen, wie Sie den natürlichen Charme der Region mit
dem Techno-Look des Gebäudes verbunden haben.
Es ist eine wunderbare Verbindung.

Wir befinden uns nun in Ihrer Ausstellung, die morgen
eröffnet wird. Eine wirklich großartige Ausstellung. Und für
mich ist sie ein gutes Beispiel dafür, was Licht oder was ein
Künstler, der mit Licht arbeitet, aus einem Gebäude machen
kann. Das Gebäude wird wirklich in den Brennpunkt
gerückt und am Standort festgemacht.

Zu allererst geht es immer um die Frage, ob sich die Kunst
gut mit der Architektur verträgt. Das ist eine sehr grundsätz-
liche Frage und über dieses Problem wird viel diskutiert.
Andererseits ist es für mich etwas Besonderes zu sehen, wie
Sie unmittelbar mit dem Licht arbeiten, da das Licht eines
der Grundelemente unseres architektonischen Schaffens
ist. Es ist also ein Bereich, wo Künstler und Architekten
zusammenarbeiten sollen und können.

Ich bin immer an der Zusammenarbeit mit Künstlern interessiert, denn durch deren Arbeit wird die Architektur unter-
schiedlich gesehen, wird dem Gebäude eine neue Qualität
verliehen. Oder man sieht die Architektur aus einer anderen
Perspektive, sozusagen wörtlich »in einem anderen Licht«.

Das stimmt. Ich habe mir immer mehr Kenntnisse erworben, da ich seit fast fünfzehn Jahren an architektonischen Auftragsarbeiten arbeite. Mir ist klar geworden, wie sich über die Jahre diese Einflüsse auf mein Denken erheblich verändert haben. Wenn ein Künstler und ein Architekt zusammenarbeiten – und wenn es eine richtige Gemeinschaftsarbeit ist –, dann entsteht plötzlich ein echtes Zusammenspiel von verschiedenen Denkweisen. Dabei wird nicht nur die Kunst erweitert, auch die Architektur wird so auf eine andere Art und Weise eingesetzt. Es ist schließlich das Prinzip der Architektur, dass es sich dabei um ein Medium handelt, das verwendet werden soll.

Mehr und mehr neige ich dazu, eine Kunst zu schaffen, die auch eine Funktion haben soll. Sie soll in einer Weise Verwendung finden, die ihr die Möglichkeit bietet, ihrer künstlerischen Rolle auch voll gerecht zu werden. Und dies ist etwas, was in meiner Arbeit immer mehr zum Tragen kommt. Bereits jetzt geht es in den neuen Arbeiten vorrangig um eine Auseinandersetzung mit der architektonischen Gestaltung von Volumen im Raum. Für mich war Licht stets eine Möglichkeit, volumetrische Räume innerhalb eines schon bestehenden Raumes zu schaffen. Das ist etwas, das mich sehr interessiert.

Und dann die Farbe: Wenn man Farbe als Volumen behandelt, anstatt sie auf eine Fläche aufzutragen, dann vermittelt dies ein ganz anderes Gefühl und vielleicht

ein engere Verbindung mit der Architektur, wenn man
in diesem Sinne darüber nachdenkt.

Meine Erfahrungen in den letzten Jahren haben aber
gezeigt, dass sich die Kunst und die Architektur immer mehr
aneinander annähern. Ich denke, dass es sehr wichtig ist,
darauf hinzuweisen, dass Ihre Arbeit funktioneller geworden
ist als sie es, sagen wir, vor zwanzig Jahren war.

Ja...

...und sie wird nicht einfach an einer Wand angebracht,
sondern ist für eine bestimmten Zweck gedacht. Ich glaube
daher, dass sich viele künstlerische Arbeiten der letzten
Jahre wirklich auf Räume beziehen, die eine Funktion
haben...

Richtig.

...und es geht darum, diese Räume in verschiedene
Kategorien zu verwandeln...

Ja.

Zum anderen glaube ich, dass sich eine große Entwicklung
innerhalb der Architektur abzeichnet, die einer zunehmen-
den Immaterialität gegenüber aufgeschlossen ist. Und
innerhalb dieser Art von Architektur, innerhalb dieser

Immaterialität gibt es zwei Bewegungen – mir fällt jetzt
die richtige Bezeichnung nicht ein.

Einerseits ist es die Einsicht, dass Räume immer abstrakter
und immer reduzierter werden; Reduktion und Abstraktion
– das ist ein Standpunkt innerhalb der Architektur. Und
andererseits wird das Material selbst immer wichtiger, doch
am Ende läuft es auf dasselbe hinaus. Wir sitzen gerade in
einem Gebäude, das ganz aus dem Baumaterial Beton
besteht. Erst auf einer sehr abstrakten Ebene wird man
sich bewusst, wie man später auf dieses äußerst material-
bezogene Gebäude reagiert. Für mich also bringen die
Entwicklungen innerhalb der Architektur und der Kunst
diese beiden Bereiche einander näher, in dem Sinne, dass
sie immer mehr die gleichen Ziele verfolgen, die gleichen
Technologien einsetzen, die gleichen Vorstellungen haben
von dem, was sie tun. Und ich glaube, dass diese alte
Unterscheidung zwischen Architektur und Kunst, wonach
die Architektur etwas Funktionelles sein muss und die Kunst
lediglich eine dekorative Funktion hat, der Vergangenheit
angehört.

Ja, ich glaube, so ist es.

Für mich ist das eine sehr spannende Entwicklung. Und
vielleicht sind wir auch an dem Punkt angelangt, wo für mich
die Zusammenarbeit zwischen Architekt und Künstler
leichter wird.

Ja. – Ich glaube, früher war es problematisch, als die
Architekten kein echtes Interesse oder Verständnis für die
zeitgenössische Kunst zeigten. Analog dazu zeigten
manche Künstler kein Verständnis oder Interesse für die
Architektur. Leider war die Kunst etwas, das man in die
Ecke stellte. Letztendlich ließ das die Architektur
zweifelhaft aussehen ebenso wie die Kunst, da letztere
vom Raum zurückgedrängt wurde und bloß als Dekoration
diente. Und der Architekt ist unwillig, da er nicht die
Gestalt und den Eindruck des Gebäudes verändern will.
Der Künstler will dies ganz sicher auch nicht, aus genau
demselben Grund. Es ist also viel besser, wenn die Arbeit
vom gleichen Ausgangspunkt aus betrachtet wird und
man sich gemeinsam darüber Gedanken macht, wie man
bewirken könnte, dass sich dieser Lebensraum oder
dieses Gebäude oder diese Situation auf möglichst vielen
Ebenen entfaltet. Seltsamerweise bin ich schon früh zu
dieser Einsicht gelangt.

Bevor ich einen Großteil meiner Arbeiten mit Architektur
machte, unternahm ich sehr viele Reisen in den Orient.
Ich war von Indien sehr angezogen, einem meiner liebsten
Länder. Und mich faszinierte vor allem, wie die Kunst im
Osten erlebt wird. Ich meine nicht so sehr, was sie darstellt
– ich liebe alte Gebäude und alle alten Städte –, sondern
vielmehr, wie die Leute die Kunst, die mich interessierte,
erlebten. In Indien, zum Beispiel, dient die Kunst zur
Darstellung des Todes. Sie wird auf eine menschliche

Ebene heruntergebracht. So wird ein Tempel zu einer Art offener Schaubühnenarchitektur. Es ist nicht wie im Westen, etwa in Kirchen, wo man sozusagen hier steht und die Kunst ist dort und dazwischen gibt es diesen ikonographischen Abstand.

In Indien befindet sich alles – die Kunst, die Menschen – auf ein und derselben Ebene. Dies findet man natürlich auch in anderen Kulturen, in der hinduistischen Kultur, aber auch in der zeitgenössischen westlichen Kultur, wo all diese Dinge zusammenfließen und in der modernen Welt wirklich funktionieren müssen. Wir können nicht umhin – wir haben nicht die Zeit, auch nicht das Geld –, wir müssen alles in einem Kosmos unterbringen.

Meiner Meinung nach ist die Situation, so wie Sie sie beschreiben, ähnlich der in Europa bis zum 18. Jahrhundert.

Ja, es war durchaus so. Sie haben absolut recht. Das ist bekannt.

Doch in unserem Denken war die Erfahrung der letzten 150 Jahre prägend, wo die Kunst sich von der Architektur abgelöst hat...

Es kam zu einer Wiedereinführung dessen, was schon immer da war. Denn ich denke, es war sogar auf der primitivsten, paläolithischen Ebene stets ein und dasselbe – Behausung, Kunst und Erfahrung –, es war alles innerhalb eines bestimmten Bereiches.

Auf einer Ebene – verschiedene Punkte auf einer Ebene. Ich habe irgendwie das Gefühl, dass das, was wir jetzt machen, durchaus normal ist, und es war tatsächlich lange Zeit die Norm in manchen Kulturen.

Richtig.

Und Sie wissen ja, dass es sehr interessant sein könnte, da diese Trennung vor 150 Jahren entstand, als Künstler eine neue Position gegenüber der Gesellschaft definieren mußten, da sie innerhalb dieser Gesellschaft kaum mehr eine Rolle spielten …

… aus irgendeinem realen Grund … Denn ich glaube, dass die Kunst innerhalb der Kultur immer Regie geführt und diese beeinflusst hat, und wenn sie diese Rolle nicht spielt, dann spielt sie überhaupt keine Rolle.

Sie wissen vielleicht, dass es der große Erfolg unserer Gesellschaft war, von Anfang an diese Aufspaltung der Disziplinen einzuführen.

Ja. Ich glaube, das ist nicht nur in der Kunst und in der Architektur, sondern auch in allen anderen Bereichen der Kultur passiert …

Ich glaube, die große Chance in den nächsten zwanzig,
dreißig Jahren wird unsere Erkenntnis sein, dass die
Probleme immer komplexer werden und es nicht mehr gut
ist, wenn man allzu spezialisiert ist. Man braucht immer
mehr Leute, die verschiedene Standpunkte in ein Projekt
einbringen und die ein gemeinsames Verständnis haben.
Wir brauchen Leute, die diese sehr unterschiedlichen
Wissensbereiche zusammenbringen können.

Keith Sonnier, Lesley Raeside: Projects

NJ Route One
New Jersey Department of Transportation
Trenton, New Jersey
Indoor installation
1990

The design of **NJ Route One,** commissioned by the New Jersey Department of Transportation for their main building in Trenton, New Jersey, is based on the motif of the highway truss. The piece, which hangs from the ceiling, is composed of three main trusses intersecting at different angles. Each truss is made from a combination of aluminum beams, cylindrical pipes with mirror plates and neon tubes. Small radios tuned in to give traffic and weather reports are attached to the main structure. The artwork is unusual in that it was built entirely in the artist's studio and reassembled on site.

NJ Route One, located in the atrium area of the Department of Transportation, welcomes visitors and employees alike with its dynamic and suggestive intersection of metal lines and surfaces with multicolored reflections.

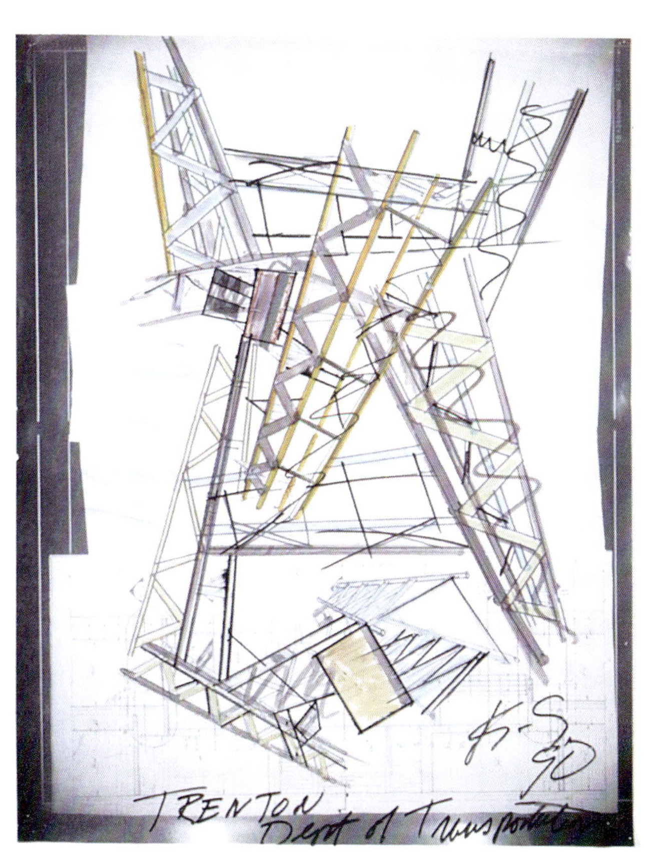

TRENTON
Dept of Transportation

NJ Route One
New Jersey Department of Transportation,
Trenton, New Jersey
Innenraum-Installation
1990

NJ Route One ist eine Arbeit im öffentlichen Raum, die vom New Jersey Department of Transportation für das Hauptgebäude in Trenton in Auftrag gegeben wurde.

NJ Route One entstand nach dem Motiv der für Autobahnbeschilderungen üblichen Gerüstträger. Die gesamte Arbeit besteht aus drei, sich in unterschiedlichen Winkeln schneidenden Strukturen und ist von der Decke abgehängt. Sie besteht aus einer Kombination von Aluminiumträgern, zylindrischen Rohren mit Spiegelscheiben und Neonröhren. Alle Elemente wurden zur Gänze im Atelier hergestellt und an Ort und Stelle zusammengebaut. An der Konstruktion befestigt sind kleine Radiogeräte, die Informationen über den Straßenverkehr und das Wetter wiedergeben.

Die Installation befindet sich im Eingangsbereich des Gebäudes und empfängt Besucher und Angestellte mit der dynamischen und suggestiven Unterschneidung metallischer Linien- und Oberflächenformen mit vielfarbigen Reflexionen.

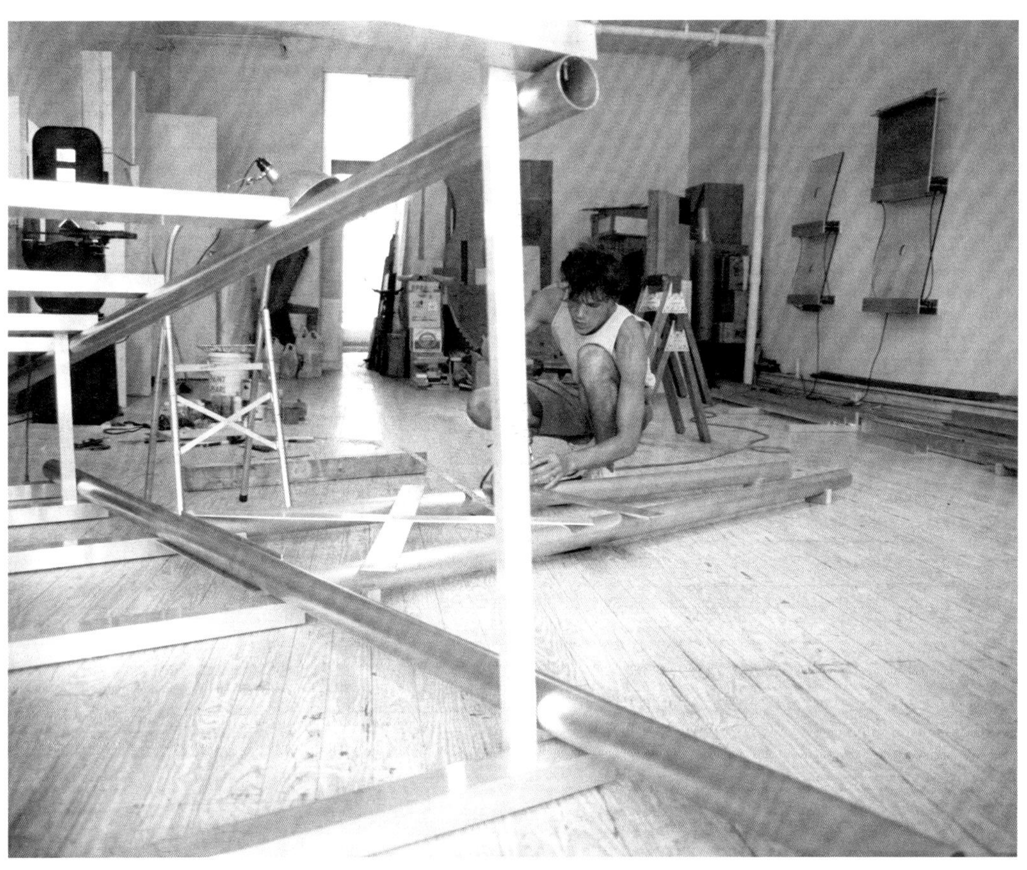

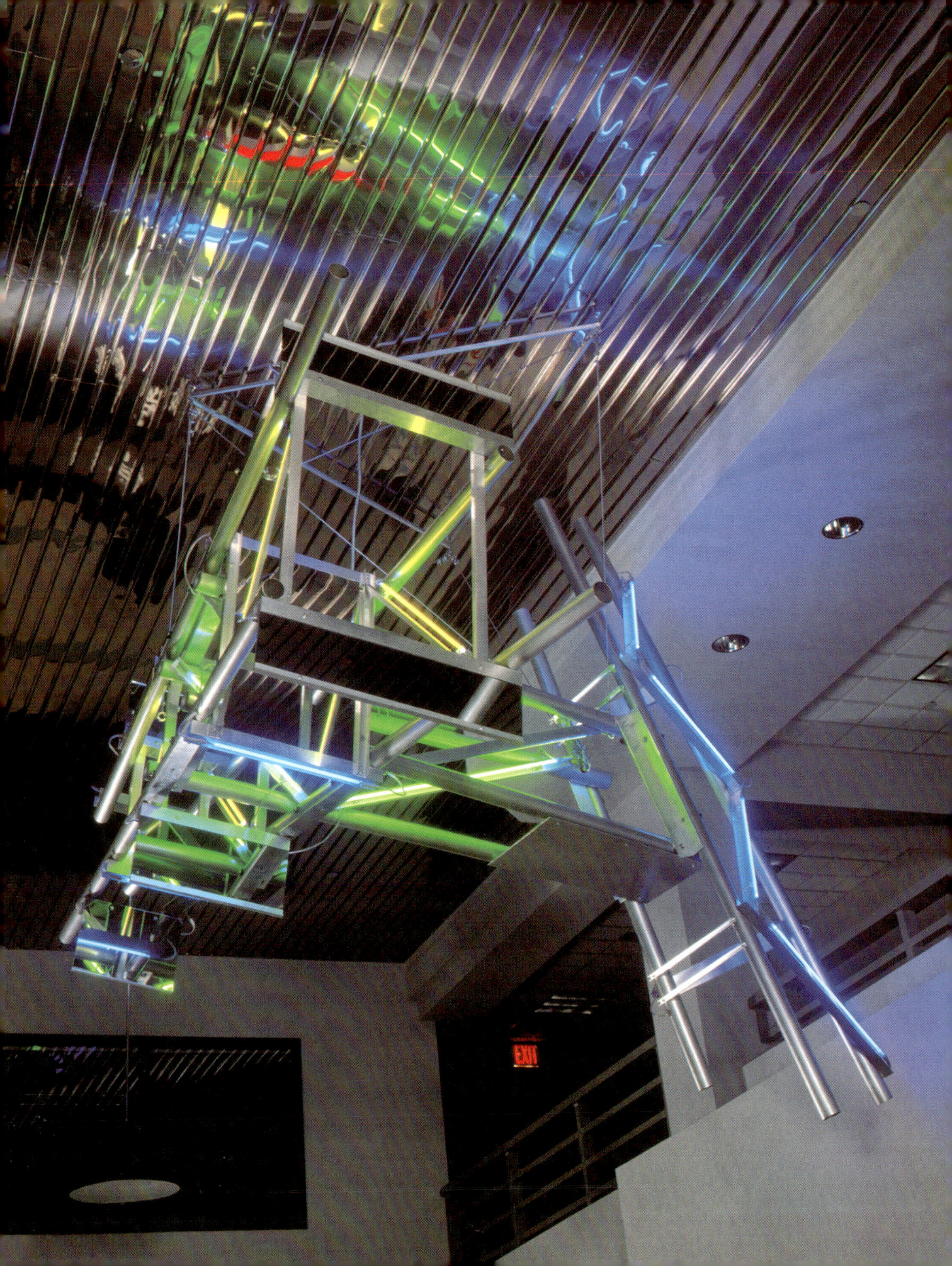

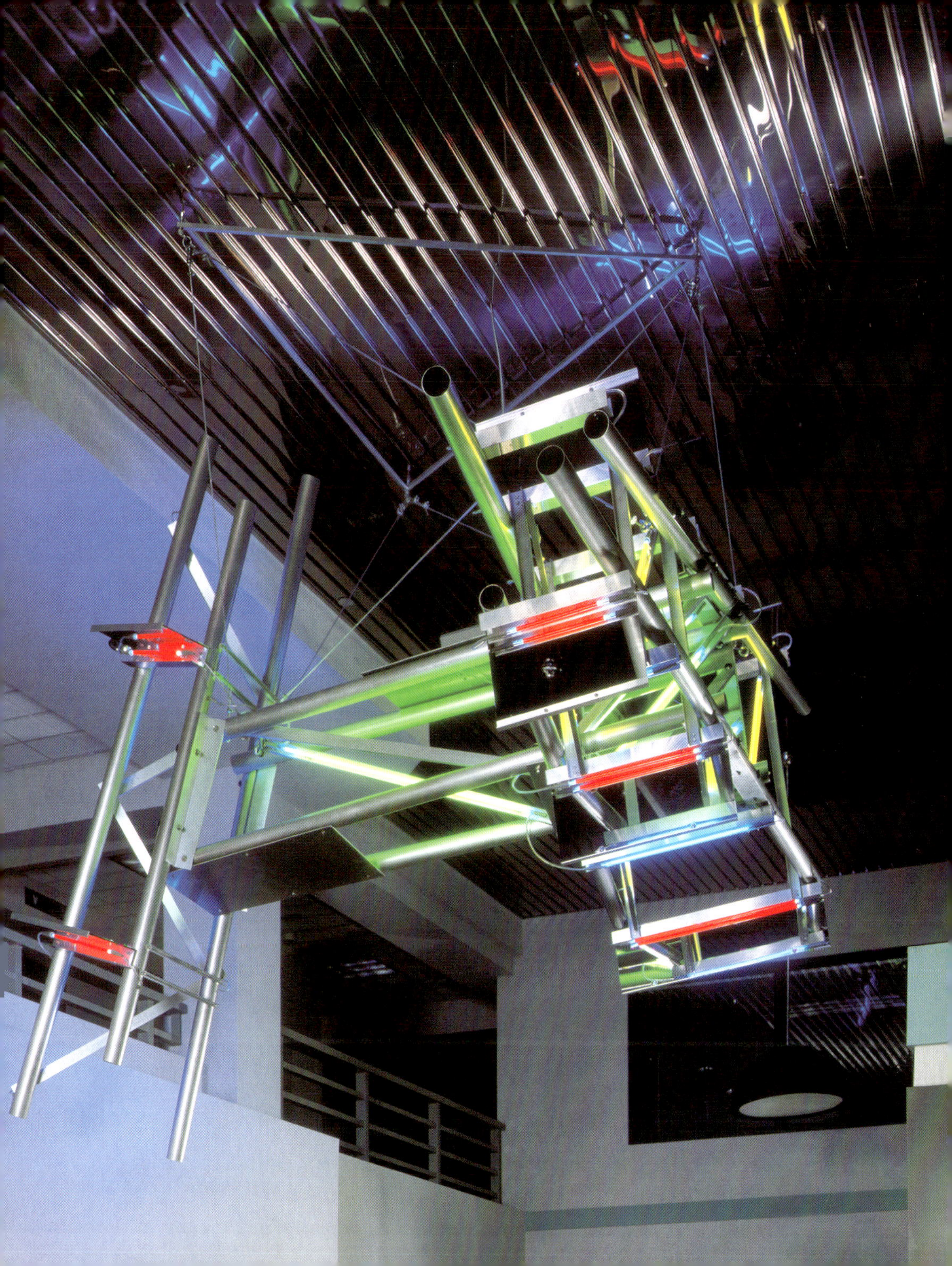

Pro Eco
NOPSI streetcar stop, New Orleans, Louisiana
City of New Orleans
Outdoor installation
1991

Pro Eco commissioned by the Audubon Society and the City of New Orleans, is a permanent installation at the Canal Street Streetcar Stop, situated directly across the street from the newly built aquarium in New Orleans. The artist, working for the first time in his home state, felt strongly that the piece should not only function well with the streetcar stop, but it should also reflect the ecological concerns endemic to this particular community and to Sonnier himself.

The artwork consists of neon tubes housed in aluminum beams bolted to the second level of the open frame structure which renders them safe from incidental damage. The design spells out, in geometric form, the words "PRO" in red, yellow and blue neon on one side and "ECO" in orange, violet and green on the other.

When viewed together the evenly distributed primary and secondary triads of the color spectrum suggest a harmonic balance between urban and natural environments and between technology and art

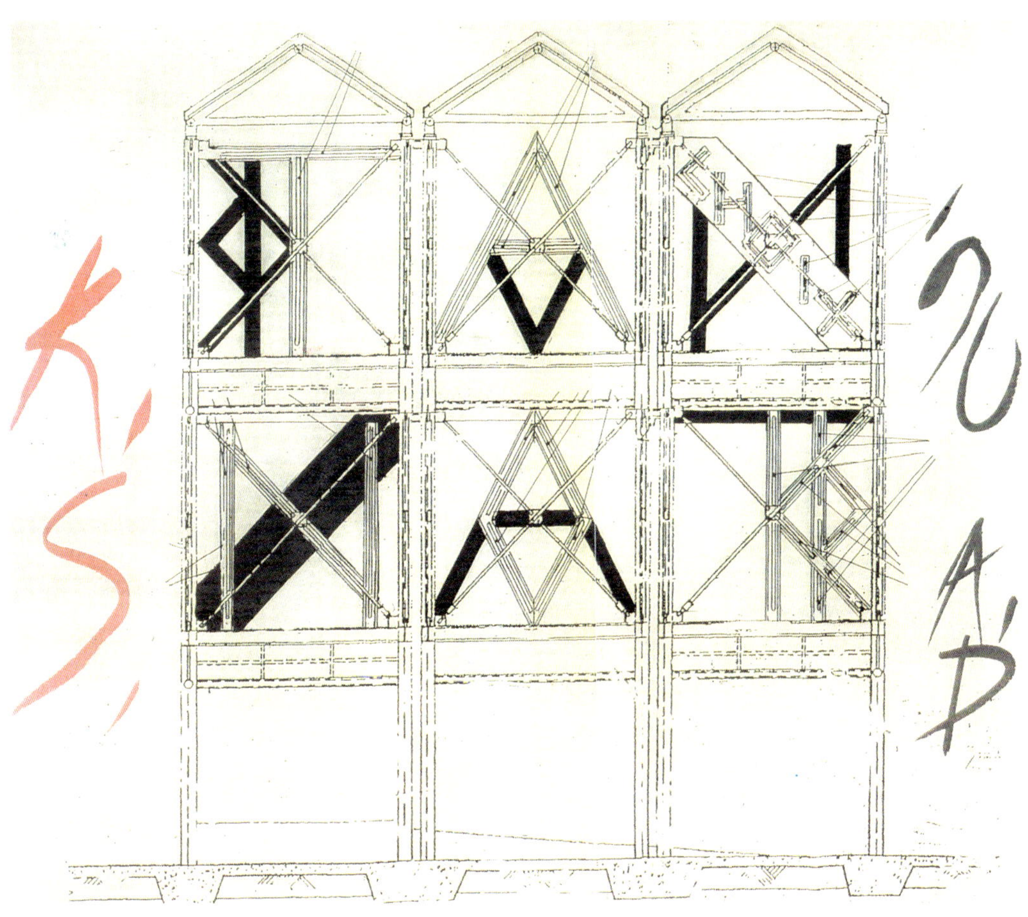

Pro Eco
NOPSI Straßenbahnhaltestelle, New Orleans,
Louisiana, Stadtverwaltung New Orleans,
Außeninstallation
1991

Pro Eco ist eine permanente Installation aus Neonröhren
und Aluminiumträgern, die zur Überdachung der Straßenbahnhaltestelle Canal Street gegenüber dem neuen
Aquarium in New Orleans gehört.

In den Verhandlungen mit der Kunstkommission seiner
Heimatstadt entschied sich der Künstler für eine funktionale
Installation, die gleichzeitig das Interesse der Stadt für
Umweltfragen thematisieren soll.

Die Neonröhren befinden sich in Metallhalterungen,
die im oberen Bereich der offenen Konstruktion montiert
und daher vor Beschädigungen geschützt sind. Sie bilden
durch ihre geometrische Anordnung die Wörter »PRO« auf
der einen und »ECO« auf der anderen Seite. Die sechs Buch-
staben sind auf der einen Seite in roter, gelber und blauer
Farbe gehalten, auf der anderen in Orange, Violett und Grün.
Gemeinsam betrachtet, suggerieren die beiden primären
und sekundären Dreiklänge aus dem Farbspektrum eine
Ausgewogenheit von urbaner und natürlicher Umwelt,
Technik und Kunst.

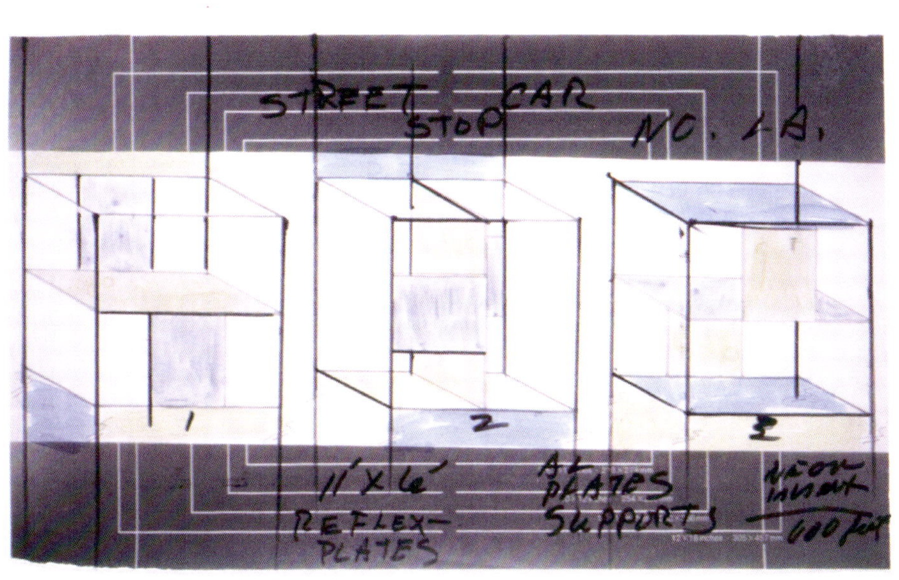

STREET CAR STOP NO. L.A.
1
2
3
11' X 6'
REFLEX-
PLATES
A4
PLATES
SUPPORTS
NEON
INSIDE
600 FT

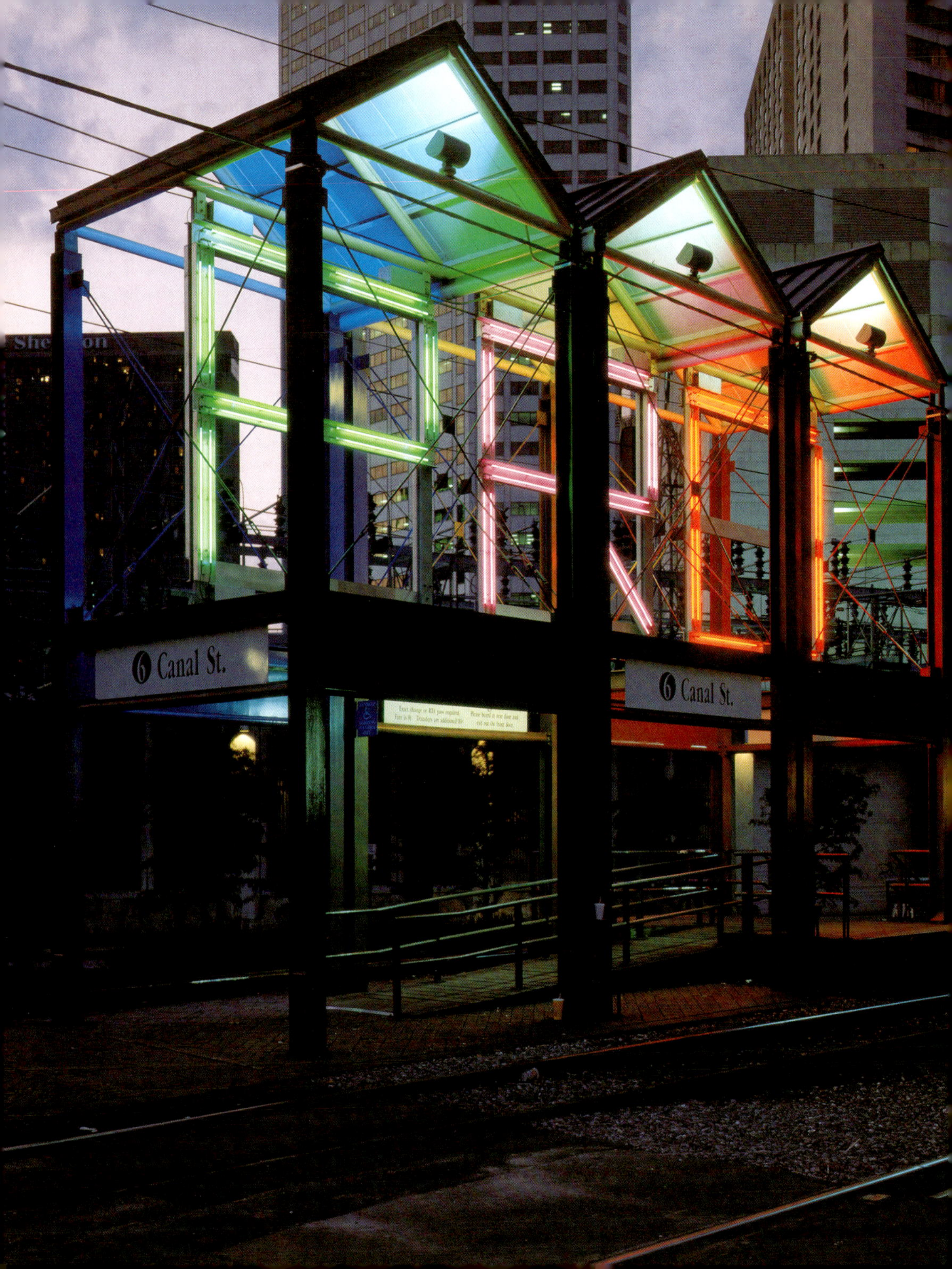
Sheraton
6 Canal St.
6 Canal St.

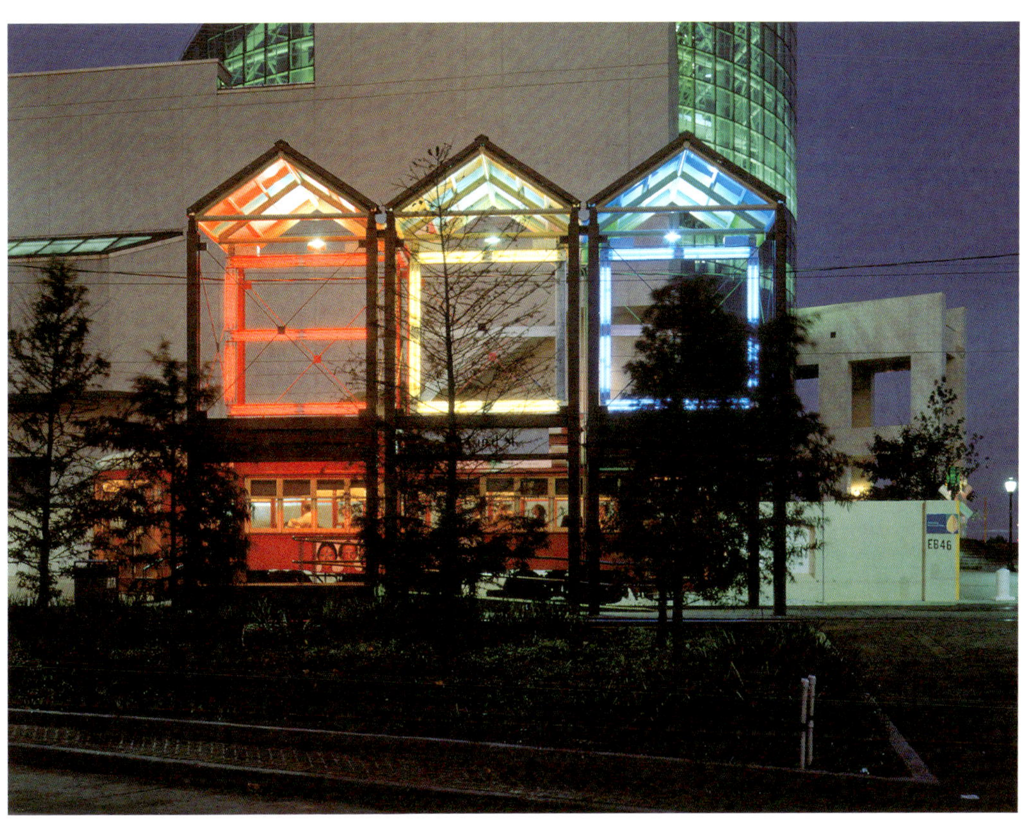

Lichtweg
International Airport, Munich, Germany
Munich Airport Authority
Indoor installation
1989 – 92

Lichtweg, the 1,000-meter walkway area of the new Munich Airport, addresses a primary architectural element within the space – the long walkway zone containing the moving sidewalks. The artwork is designed to have both aesthetic and functional content.

The walkway area is comprised of red and blue zones, so called by the color of the continuous line of neon tubes used in these specific areas. Each area also contains neon tubes of diverse color including yellow, orange, green, violet and turquoise. The artwork for these zones is constructed along the upper area at the juncture of wall and ceiling. The neon and fluorescent fixtures are mounted before and behind glass plates, beams and mirrors. The arrangement of these materials provides a sculptural dimension and at the same time acts as a device of refracted light. This light bathes each area in a wash of color, flooding from ceiling to floor, and the moving sidewalks create an ambience which soothes the hurried traveler.

The entire artwork creates a fluid path, uninterrupted
by any commercial signage or advertising. Commissioned
by the Munich Airport Authority, **Lichtweg** represents one
of the largest projects which incorporates art into the
architectural design of a public space.

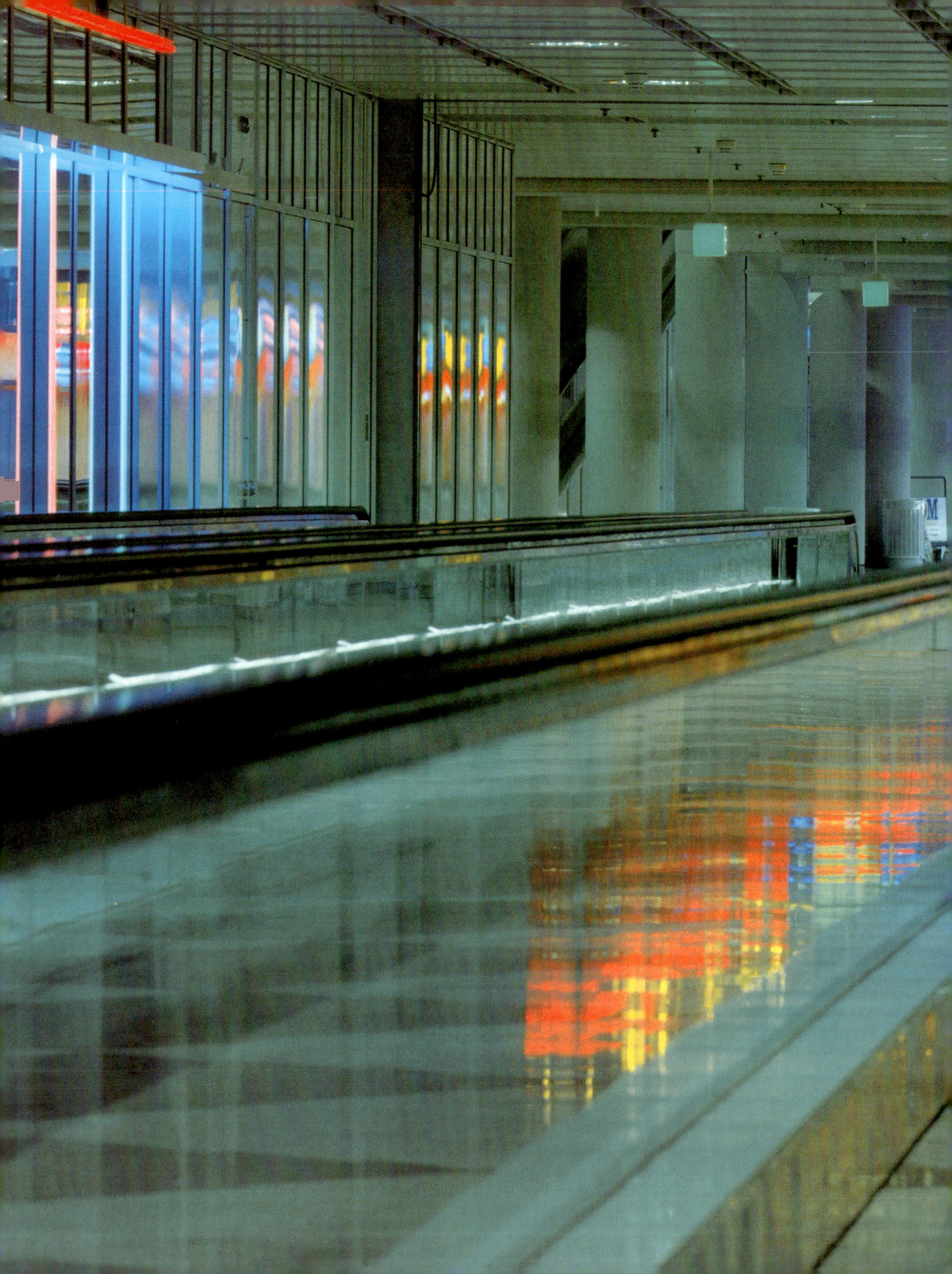

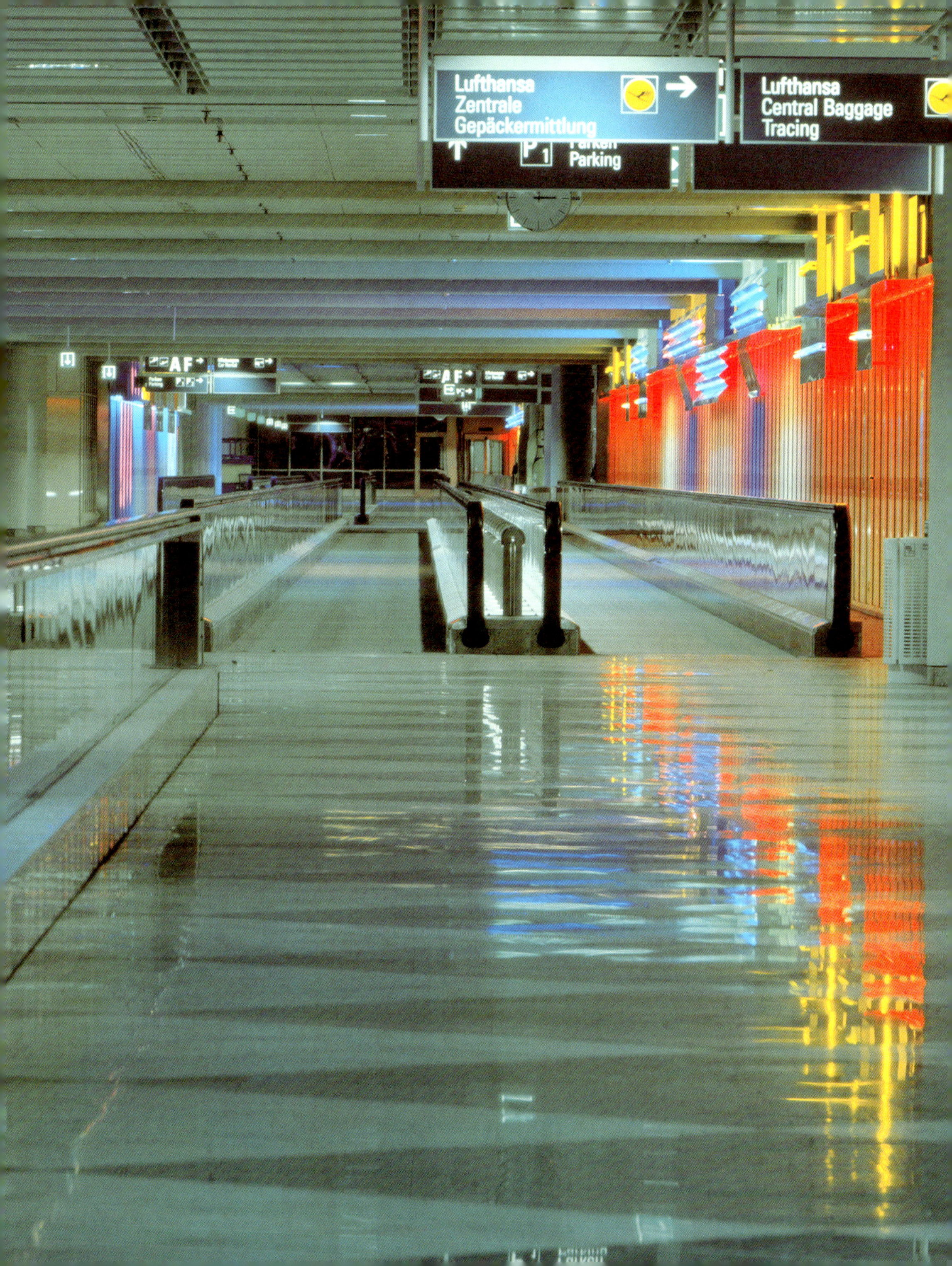

Lufthansa
Zentrale
Gepäckermittlung
Parken
Parking
Lufthansa
Central Baggage
Tracing
A F
F

Lichtweg
Internationaler Flughafen, München
Flughafen München GmbH
Innenraum-Installation
1989–92

Der Ausbau des eintausend Meter langen Fußgänger-
bereichs, des **Lichtweg**es, im Münchener Flughafen
verbindet zwei wichtige architektonische Elemente: die
lang gestreckte Zone des Personen-Transport-Systems
mit den Fahrbändern und die vier Eingangszonen. Jeder
dieser Bereiche wird durch Licht klar umrissen; innerhalb
des Gesamtraums erzeugt es bestimmte Farbzonen.
Das Kunstwerk, das mit dem architektonischen Konzept
des Gebäudes in Einklang steht, hat ästhetische wie
funktionale Aufgaben.

Das Fußgängerleitsystem wird von roten und blauen
Zonen bestimmt. Die künstlerische Gestaltung dieser
Zonen zeigt sich im oberen Wandbereich im Übergang
von Wand zu Decke. Durch diese Platzierung wird die
architektonische Außenhaut des Leitsystems definiert.
Neon- und/oder fluoreszierende Leuchten sind hinter
beschichteten Aluminiumblenden montiert, die sowohl
als formale Gestaltungselemente fungieren, als auch das
Licht brechen.

Fünf Rot-Zonen bedecken die Wand des Fußgängerstegs;
vier Blau-Zonen erstrecken sich entlang der gegenüber-
liegenden Wand. Diese Beleuchtung taucht den gesamten
Bereich in einen Strom von Licht, der von der Decke über
die Wände bis zu den Fahrbändern flutet.

Ziel bei der Gestaltung dieses Projekts war es, eine Umgebung zu schaffen, die den Betrachter einbezieht und so den
Stress des modernen Reisens lindert. Indem sie optische
Wegweiser für die verschiedenen Raumzonen anbietet,
hilft die Beleuchtung, die durch die übliche Beschilderung
erzeugte Verwirrung zu vermeiden. Außerdem taucht das
Kunstwerk die Passanten in ein weiches Licht und schafft
so ein Umfeld, das auf die Reisenden beruhigend wirkt.

Lichtweg, von der Flughafen München GmbH in Auftrag
gegeben, ist eines der größten Projekte, in dem Kunst in
öffentliche Architektur integriert wird.

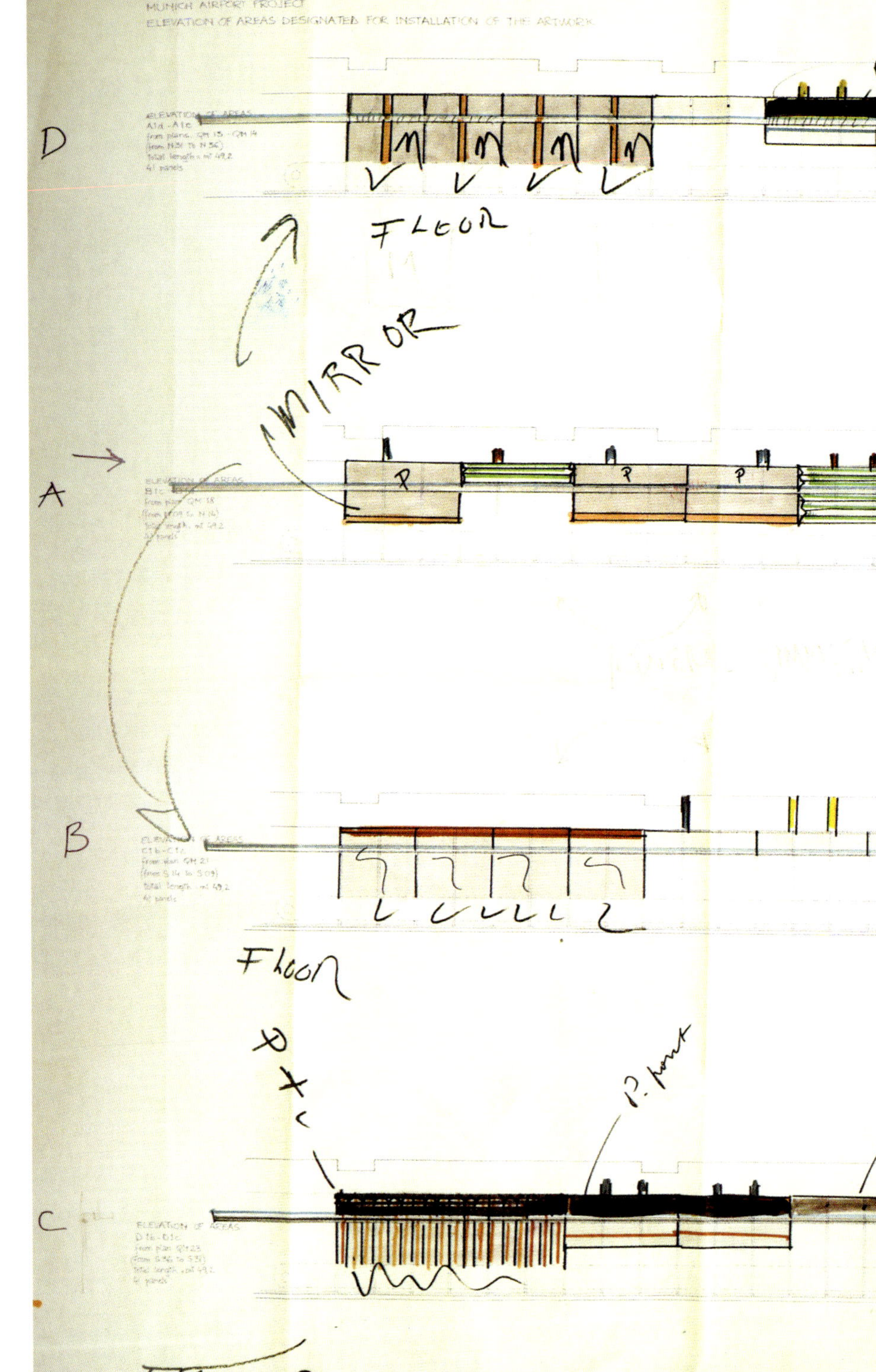

KEITH SONNIER
MUNICH AIRPORT PROJECT
ELEVATION OF AREAS DESIGNATED FOR INSTALLATION OF THE ARTWORK
D
ELEVATION OF AREAS
A1d - A1c
from plan QM 15 - QM 14
(from N31 to N 56)
total length of 49.2
41 panels
FLOOR
MIRROR
A
ELEVATION OF AREAS
B1c
from plan QM 18
(from N09 to N 14)
total length of 49.2
B
ELEVATION OF AREAS
C1b - C1c
from plan QM 21
(from S 14 to S 09)
total length of 49.2
41 panels
FLOOR
P. front
C
ELEVATION OF AREAS
D1a - D1c
from plan QM 23
(from S 36 to S 31)
total length of 49.2
41 panels
FLOOR

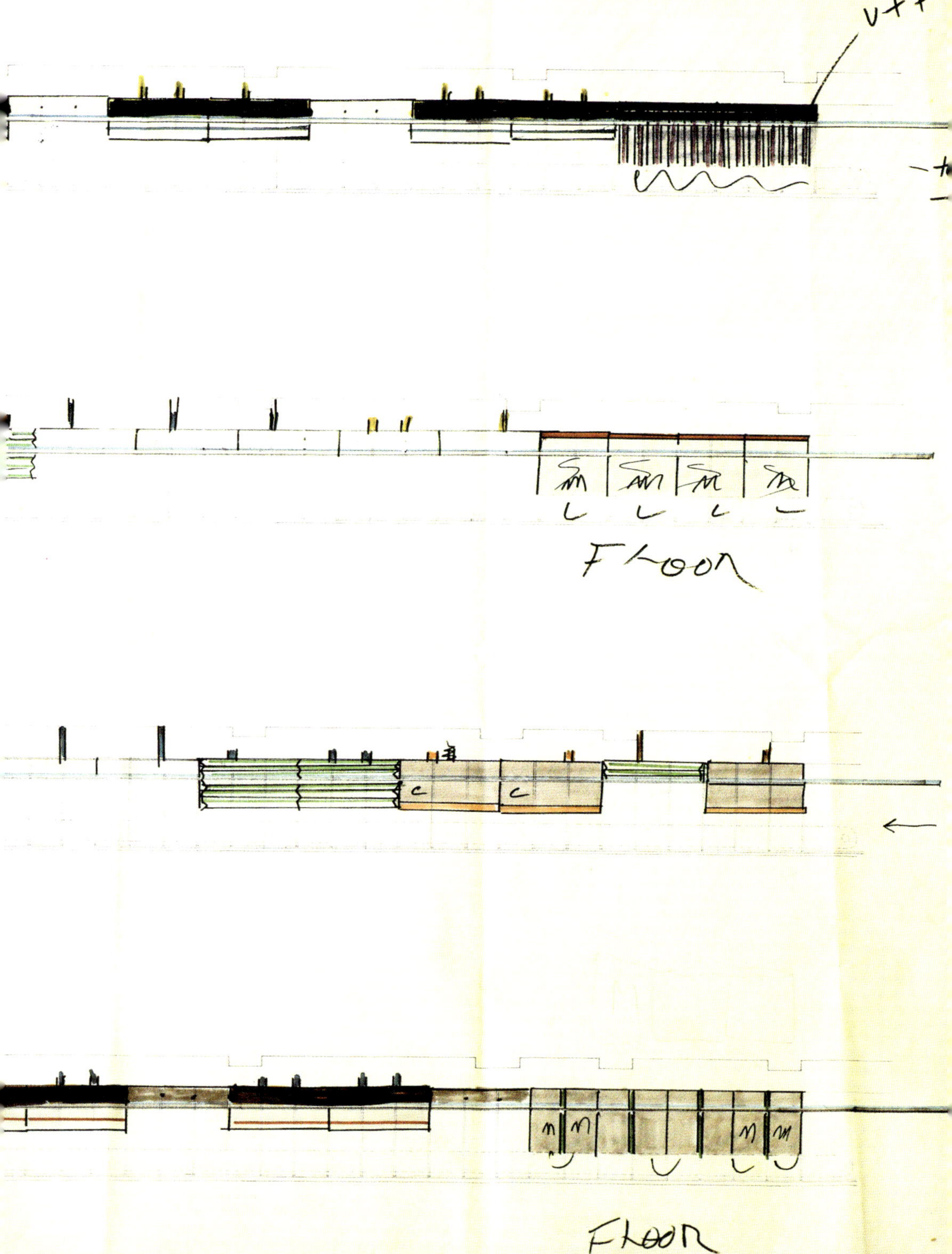

v++
FLOOR
FLOOR

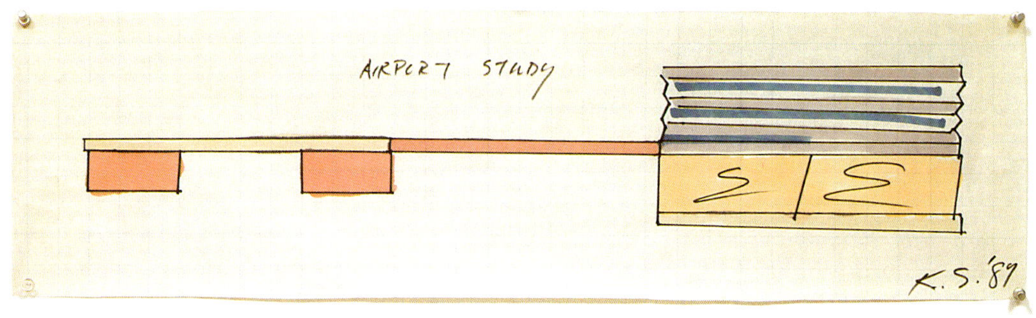

AIRPORT STUDY
K.S. '89

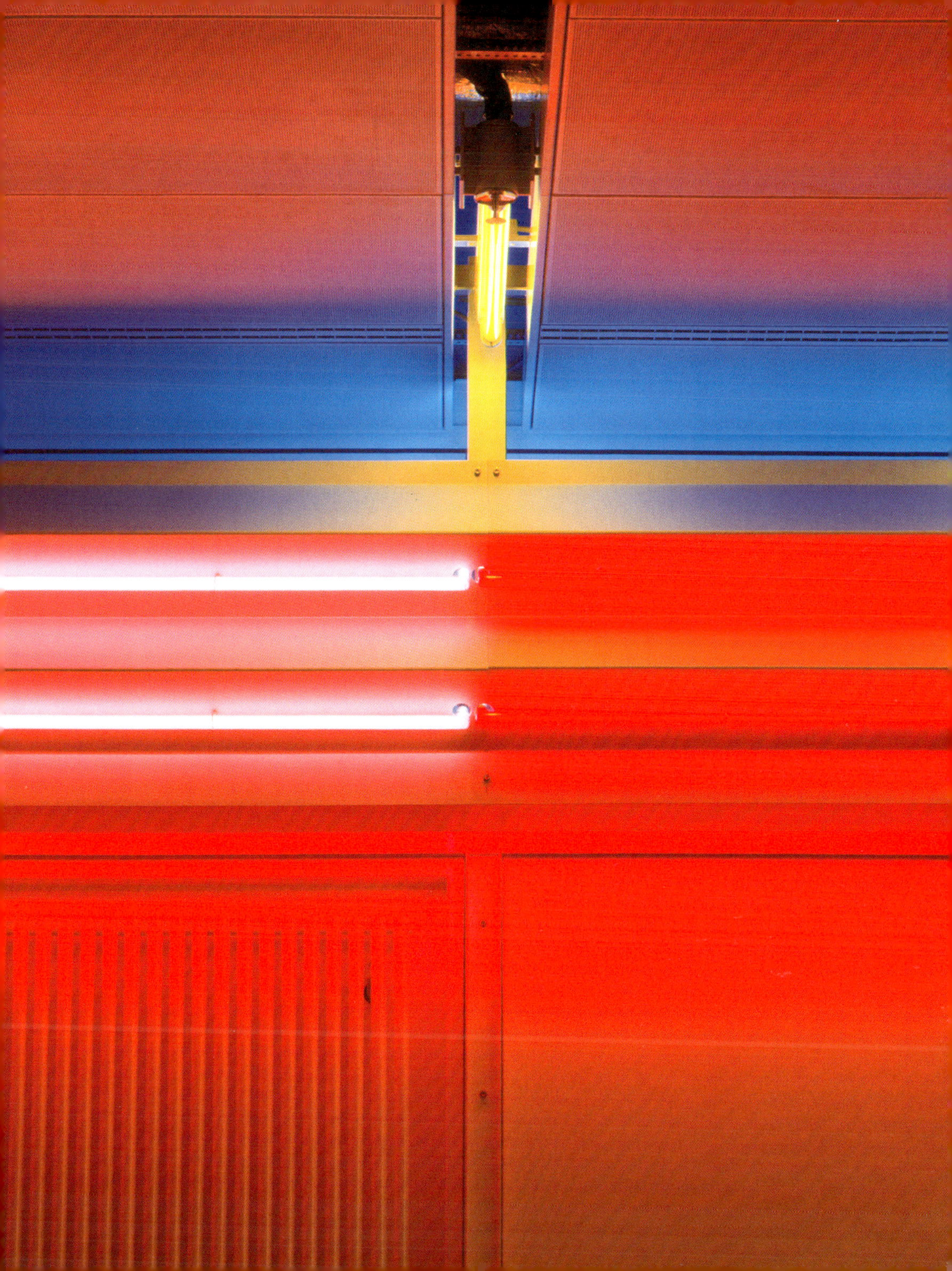

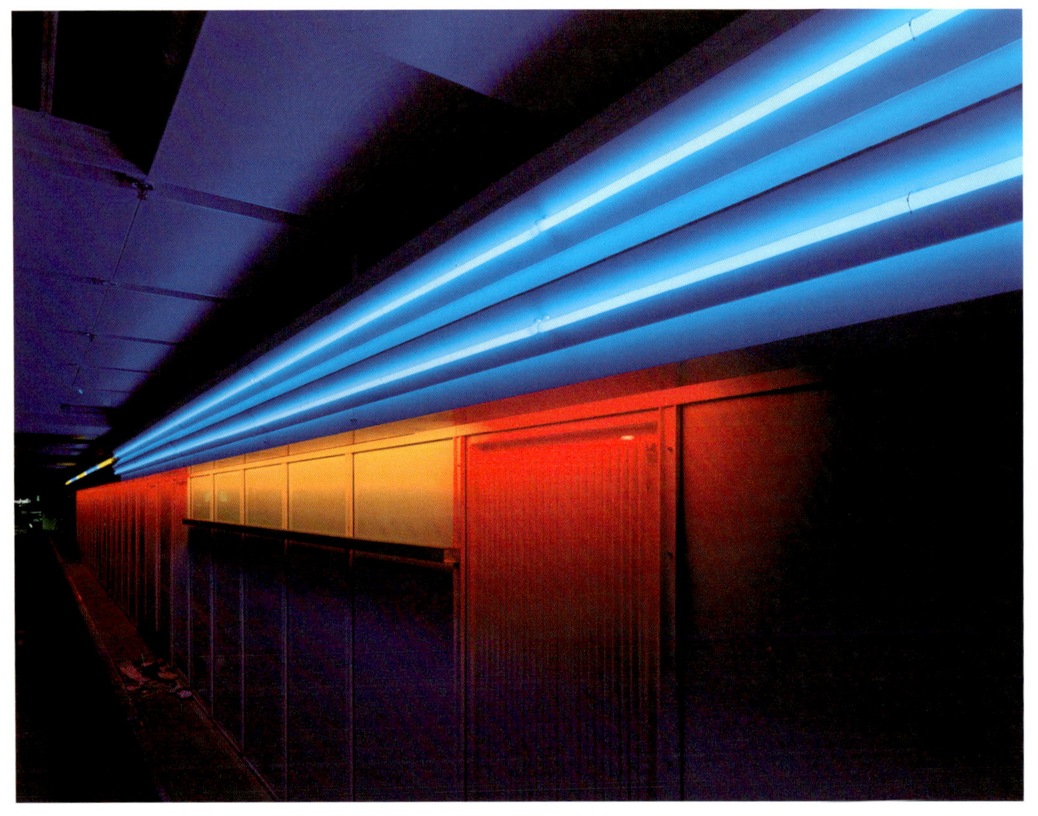

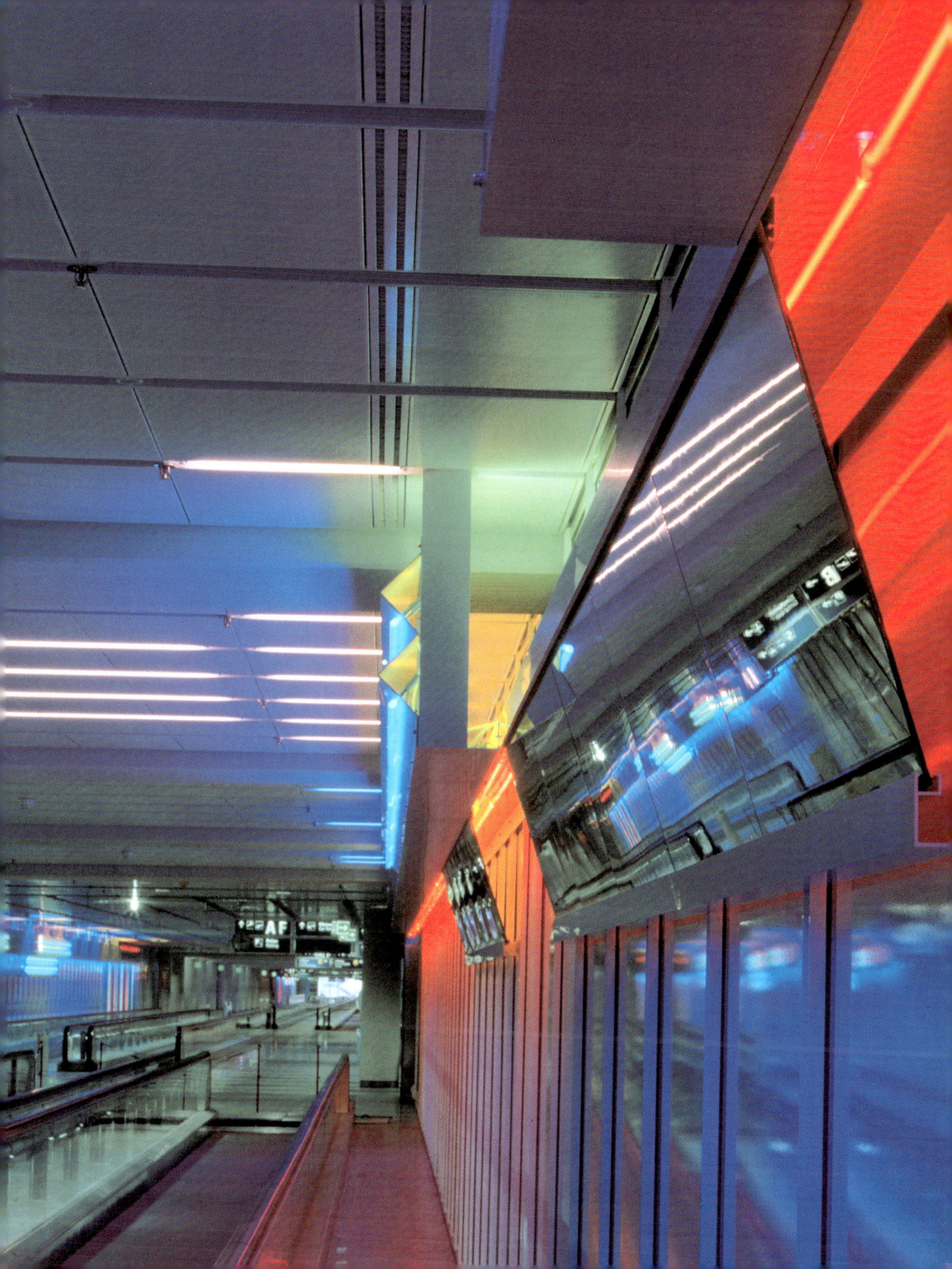

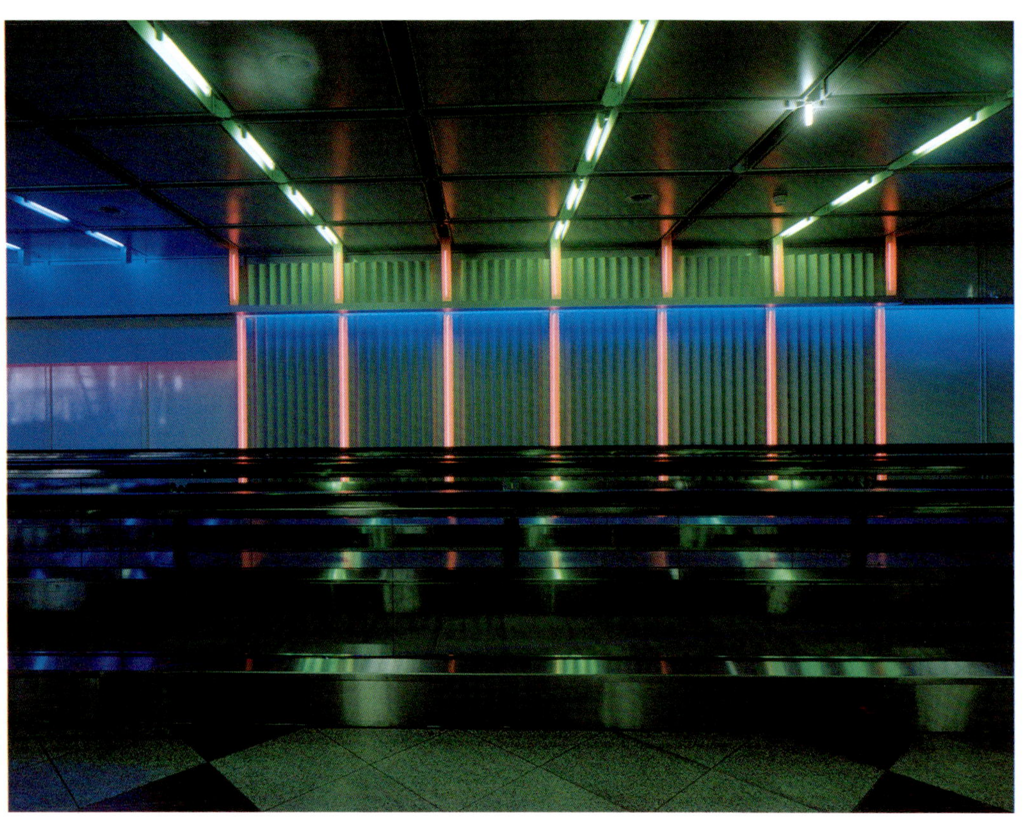

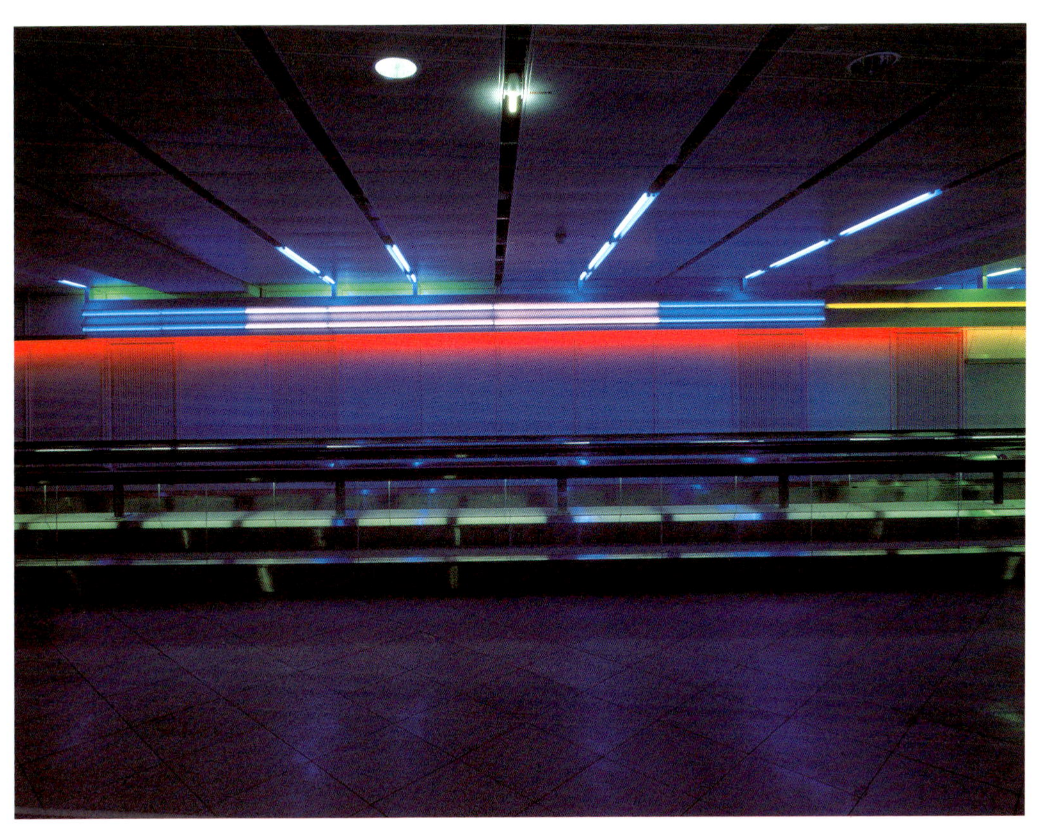

Leçon en Rouge, Jaune et Bleu
Lycée Dorian, Paris, France
City of Paris
Indoor installation
1993

Leçon en Rouge, Jaune et Bleu was commissioned by the City of Paris for the Lycée Dorian, a technical school whose programs include electrical and light studies. The artwork which extends throughout the four floors of this particular department of the school, consists of neon tubes housed in aluminum channels covered by protective perforated aluminum sheets, conduits and transformers attached to specific walls.

The design of the vertical or horizontal red, yellow and blue neon tubes is visible through the overall glass façade from the nearby Boulevard de Charonne. The large blocks of light alternating on the separate floors and areas of the façade enhance the spectacular element created by the primary triad of colors.

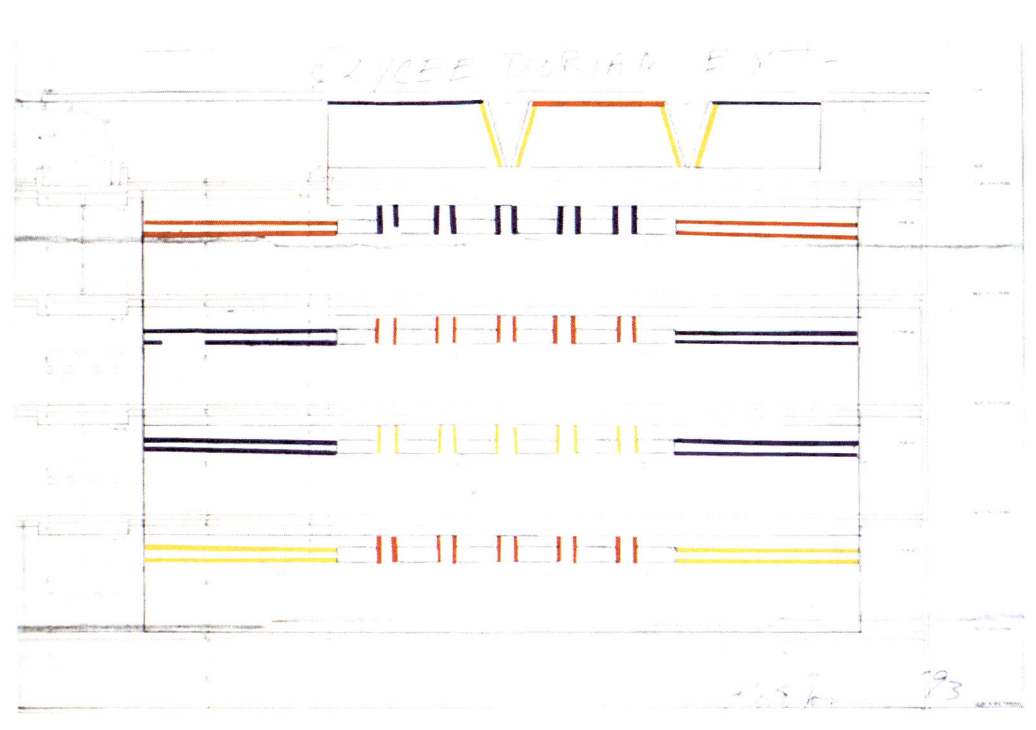
LYCEE DORIAN EXIT

Leçon en Rouge, Jaune et Bleu
Lycée Dorian, Paris
Stadtverwaltung Paris
Innenraum-Installation
1993

Leçon en Rouge, Jaune et Bleu ist eine permanente
Installation aus Neonröhren, Verkabelung und Transformatoren. Die Neonröhren befinden sich in Kanälen, die mit
perforierten Aluminiumblechen verkleidet sind und direkt an
ausgewählten Fassadenbereichen an einem vierstöckigen
Gebäude des Lycée Dorian in Paris angebracht wurden.

Die Anordnung von vertikalen und horizontalen roten,
gelben und blauen Neonröhren ist an der durchgehenden
Glasfassade vom Boulevard de Charonne aus sichtbar.
Großformatige Lichtblöcke, die sich in den einzelnen
Stockwerken und Bereichen der Fassade abwechseln,
unterstreichen die spektakuläre Wirkung, die durch
die Gruppierung von drei Primärfarben entsteht.

Leçon en Rouge, Jaune et Bleu wurde von der Pariser
Stadtverwaltung für das Lycée Dorian, einer Ausbildungs-
stätte für Elektro- und Lichttechnik, in Auftrag gegeben.

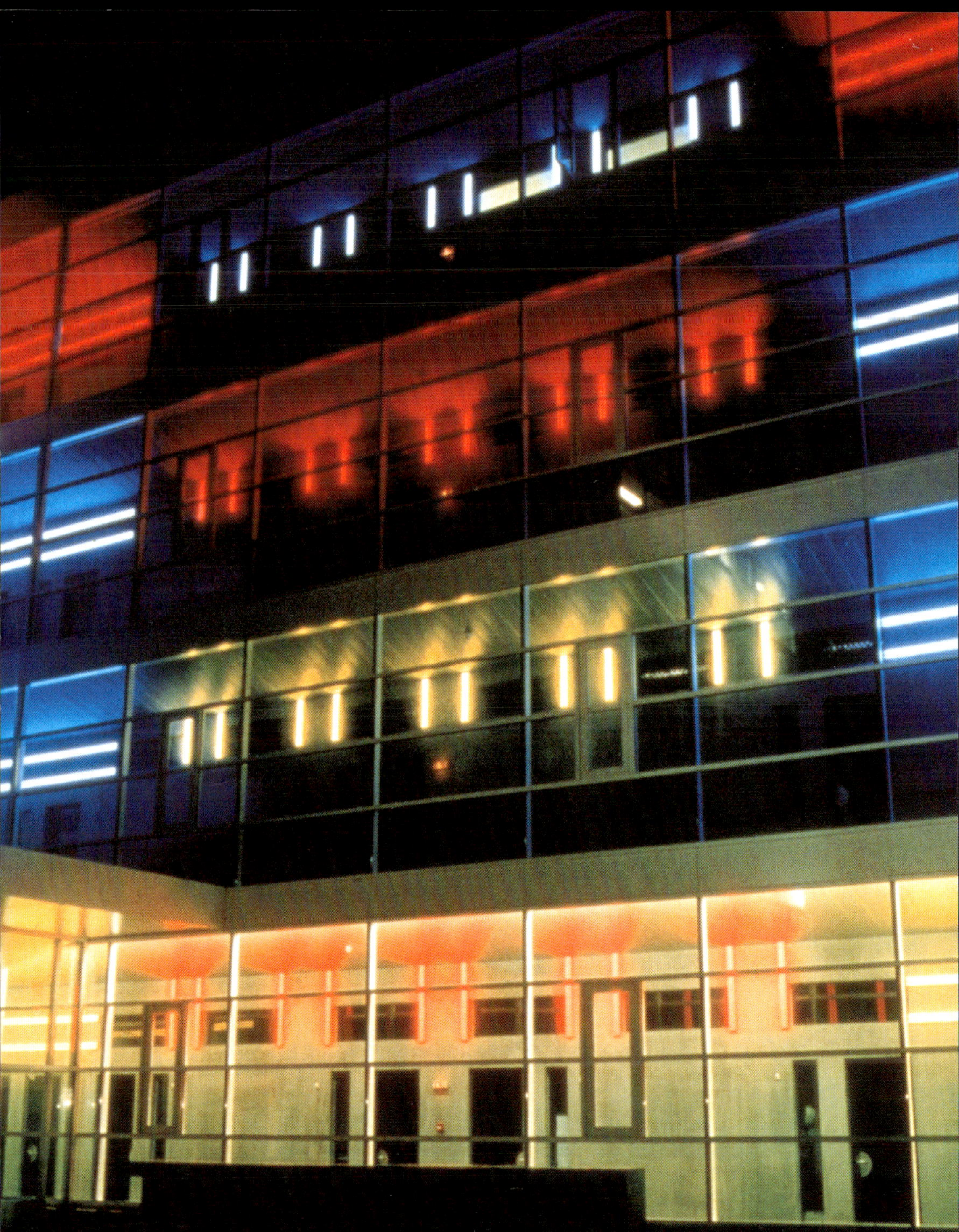

De Rouge à Bleu
Station Joffre-Mutualité, Rouen, France
City of Rouen
Indoor installation
1994

De Rouge à Bleu was commissioned by the City of Rouen for a metro station in the city. The project, including Joffre-Mutualité, was part of a network of stations, each incorporating an artwork by a different artist.

The artwork consists of four walls of bi-colored light, placed at the four points of the station corresponding to the short walls at the end of each of the pedestrian platforms. Each of the four walls is composed of rows of red or blue neon tubes, alternating color placement and orientation either vertically or horizontally. The neon tubes, inserted inside a metal core the exact size of the wall, are covered with the same perforated metal grid that is used throughout the station. The color area is divided in the middle by large, shiny metal beams which also delimit the piece at floor and ceiling. The compact areas of red and blue light at the four points are enhanced by their reflection along the metallic wall surface of the running trains. A total of eight rectangular banks of colored light are broken into a myriad of lines and reflections which create a dynamic atmosphere within the confined architecture of the underground space, as well as a pleasing and uplifting experience for the computer.

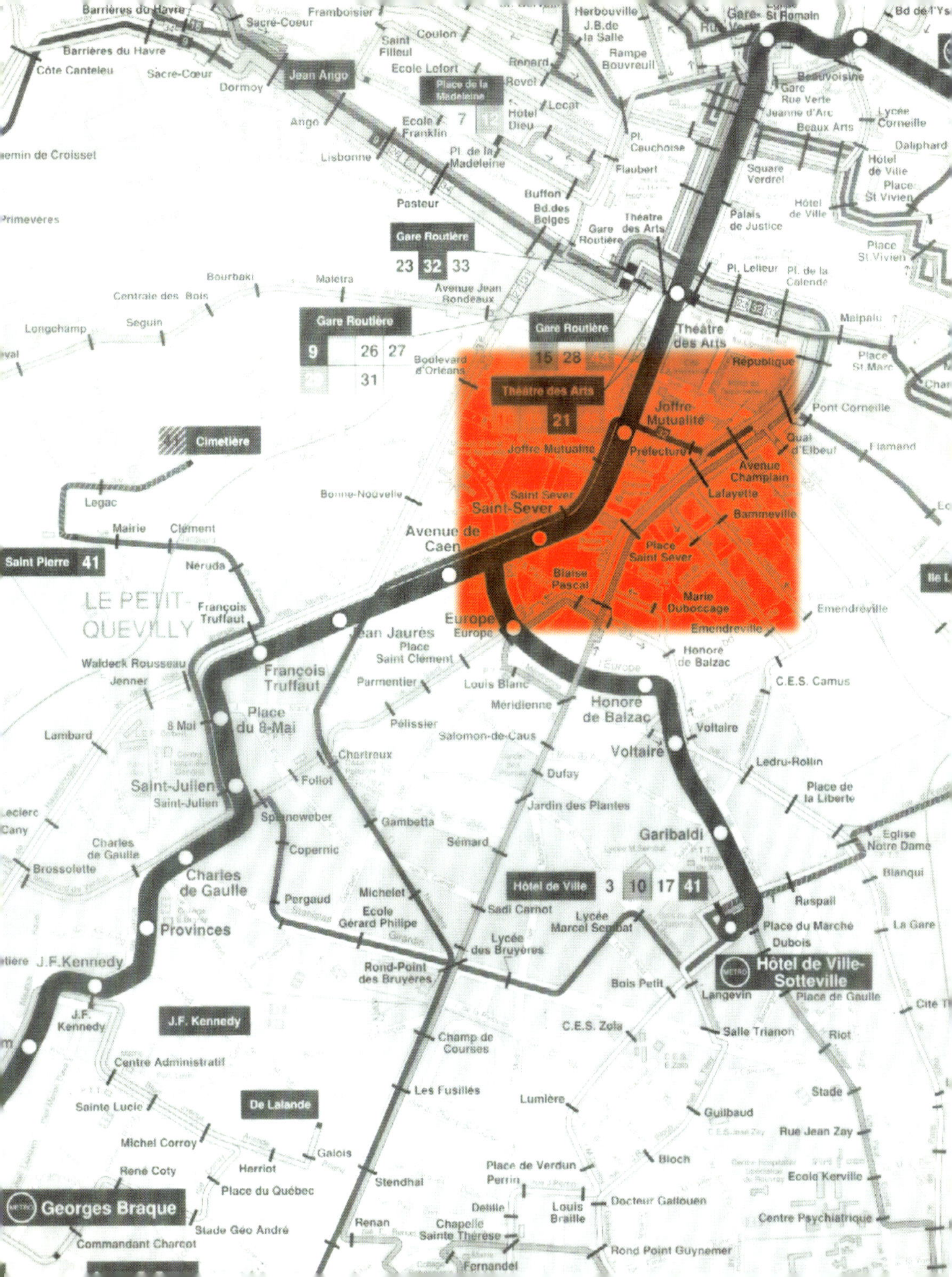

Barrières du Havre
Sacré-Cœur
Framboisier
Herbouville
J.B. de la Salle
Gare St Romain
Bd de l'Ys
Barrières du Havre
Côte Canteleu
Sacré-Cœur
Dormoy
Jean Ango
Ango
Saint Filleul
Coulon
Ecole Lefort
Renard
Revet
Rampe Bouvreuil
Rue Ve
Beauvoisine
Gare Rue Verte
Jeanne d'Arc
Beaux Arts
Lycée Corneille
Chemin de Croisset
Ecole Franklin
Lisbonne
Pl. de la Madeleine
Place de la Madeleine
7
12
Hôtel Dieu
Lecat
Pl. Cauchoise
Flaubert
Daliphard
Hôtel de Ville
Place St Vivien
Primevères
Pasteur
Buffon
Bd. des Belges
Théâtre des Arts
Gare Routière
Palais de Justice
Hôtel de Ville
Place St Vivien
Gare Routière
23   32   33
Bourbaki
Maletra
Avenue Jean Rondeaux
Pl. Lelieur
Pl. de la Calende
Place St Marc
Centrale des Bois
Seguin
Gare Routière
9   26   27
31
Boulevard d'Orléans
Gare Routière
15   28
Théâtre des Arts
République
Place St Marc
Longchamp
Cimetière
Théâtre des Arts
21
Joffre-Mutualité
Pont Corneille
val
Joffre Mutualité
Préfecture
Quai d'Elbeuf
Flamand
Legac
Bonne-Nouvelle
Saint Sever
Avenue Champlain
Lafayette
Mairie
Clément
Saint-Sever
Bammeville
Saint Pierre   41
Néruda
Avenue de Caen
Place Saint Sever
Ile L
LE PETIT-QUEVILLY
François Truffaut
Blaise Pascal
Marie Duboccage
Emendréville
Waldeck Rousseau
Jenner
Jean Jaurès
Place Saint Clément
Europe
Europe
Emendreville
Honoré de Balzac
François Truffaut
Parmentier
Louis Blanc
C.E.S. Camus
Lambard
Place du 8-Mai
Pélissier
Méridienne
Salomon-de-Caus
Honoré de Balzac
Voltaire
8 Mai
Chartreux
Dufay
Voltaire
Ledru-Rollin
Saint-Julien
Foliot
Jardin des Plantes
Place de la Liberté
Leclerc
Cany
Saint-Julien
Spaneweber
Gambetta
Sémard
Garibaldi
Eglise Notre Dame
Charles de Gaulle
Copernic
Blanqui
Brossolette
Michelet
Hôtel de Ville
3   10   17   41
Raspail
Charles de Gaulle
Pergaud
Ecole Gérard Philipe
Sadi Carnot
Lycée Marcel Sembat
Place du Marché
Dubois
La Gare
Provinces
Lycée des Bruyères
Hôtel de Ville-Sotteville
J.F. Kennedy
Rond-Point des Bruyères
Bois Petit
Langevin
Place de Gaulle
Cité
J.F. Kennedy
J.F. Kennedy
Champ de Courses
C.E.S. Zola
Salle Trianon
Riot
Centre Administratif
Lumière
Stade
Les Fusillés
Guilbaud
Sainte Lucie
De Lalande
Rue Jean Zay
Michel Corroy
Galois
Bloch
René Coty
Herriot
Place de Verdun
Perrin
Ecole Kerville
Georges Braque
Place du Québec
Stendhal
Détille
Louis Braille
Docteur Gallouen
Centre Psychiatrique
Stade Géo André
Renan
Chapelle Sainte Thérèse
Commandant Charcot
Fernandel
Rond Point Guynemer

De Rouge à Bleu
Metro-Station Joffre-Mutualité, Rouen, Frankreich,
Stadtverwaltung Rouen
Innenraum-Installation
1994

De Rouge à Bleu ist eine permanente Installation in der U-Bahnstation Joffre in Rouen.

Vier Lichtwände in zwei verschiedenen Farben wurden an den Schmalseiten der Station angebracht, die das Ende der Bahnsteige markieren. Jede der Installationen besitzt jeweils die Größe der Wand und besteht aus Reihen von roten oder blauen Neonröhren, wobei die Farbanordnung und ihre Ausrichtung vertikal oder horizontal wechseln. Die Neonröhren sind in wandgroße Metallhülsen eingebettet und befinden sich hinter perforierten Metallgittern, wie sie in der ganzen U-Bahnstation Verwendung finden. Die Farbbereiche werden in der Mitte durch breite, glänzende Metallbänder unterteilt und begrenzen zugleich den Raum zum Boden und zur Decke. Die fahrenden Züge verstärken durch die Reflexionen an der metallisch glänzenden Außenhaut der Waggons die vier kompakten roten und blauen Lichtzonen. Die unzähligen Spiegelungen und Linien, in die die acht Farbrechtecke dann aufgelöst werden, bilden für den Fahrgast eine anregende und zugleich dynamische Erfahrung.

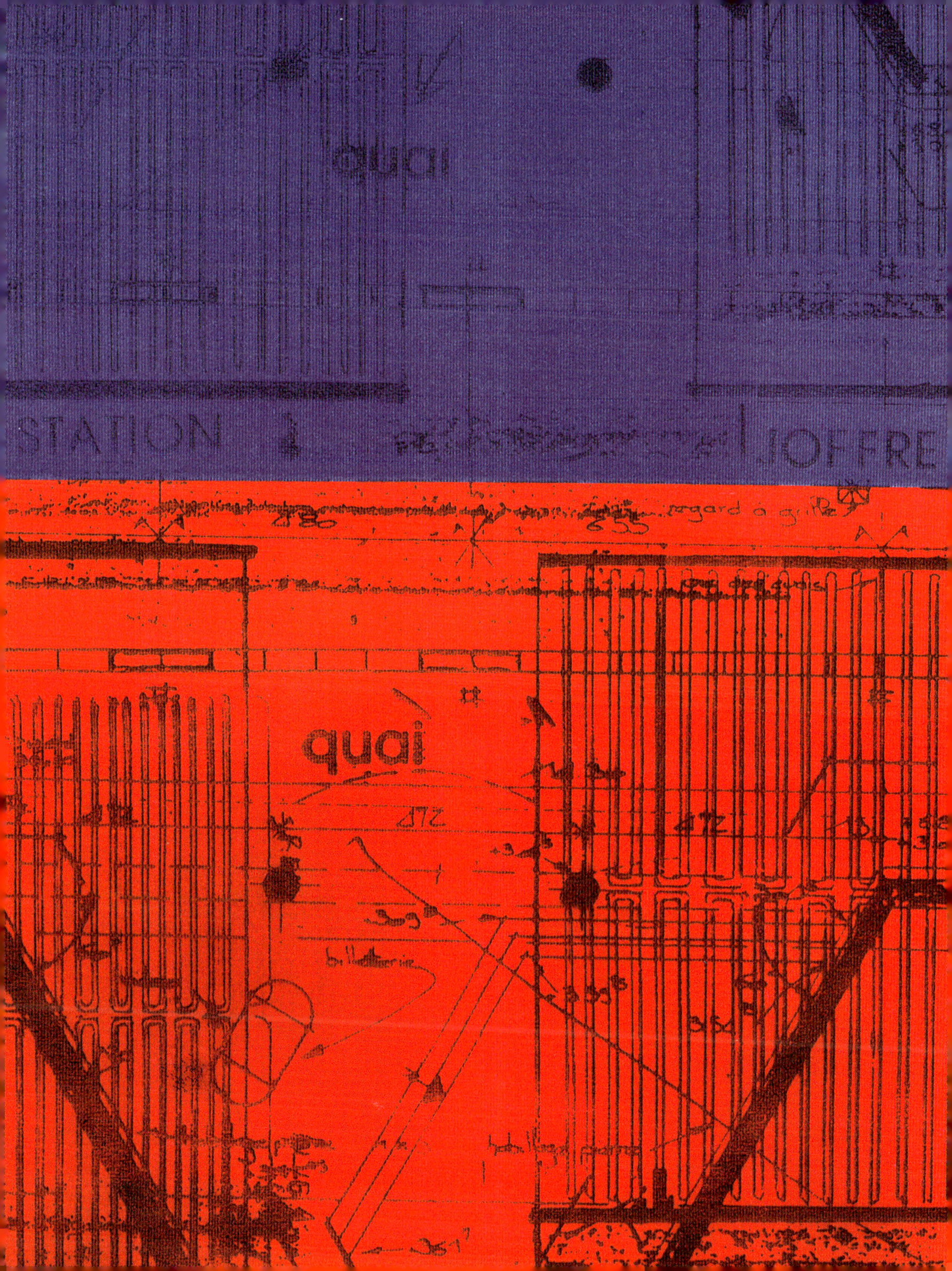
quai
STATION
JOFFRE
quai

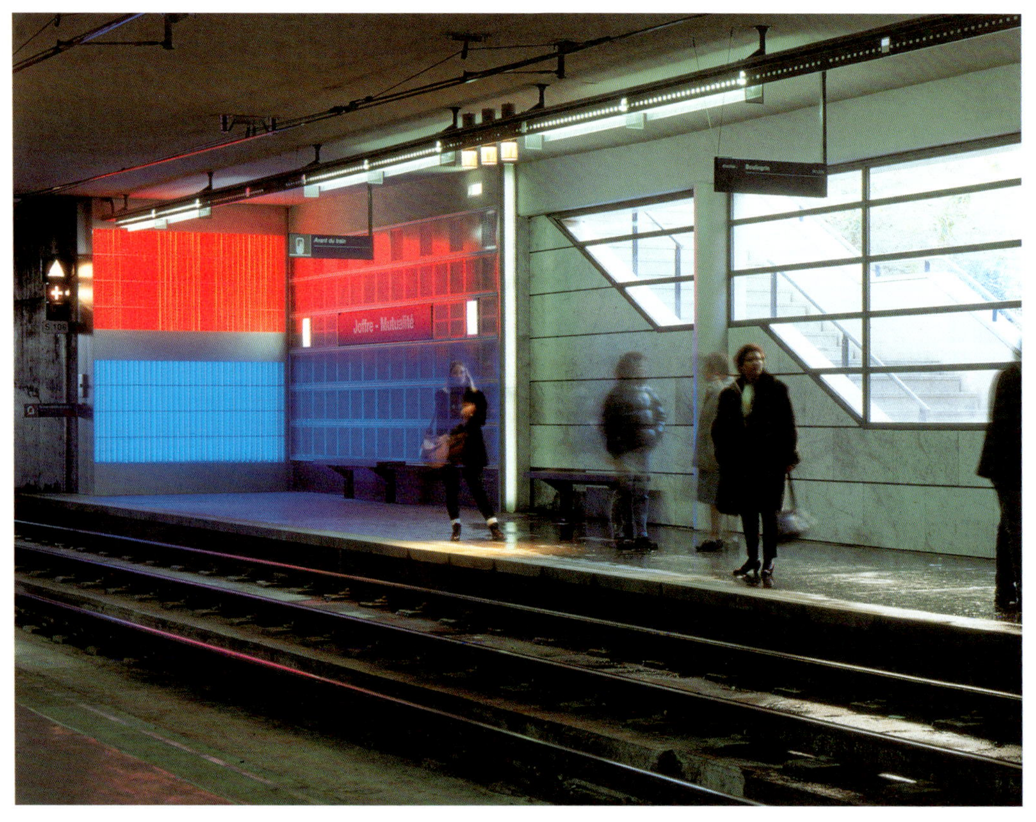
Joffre - Mutualité

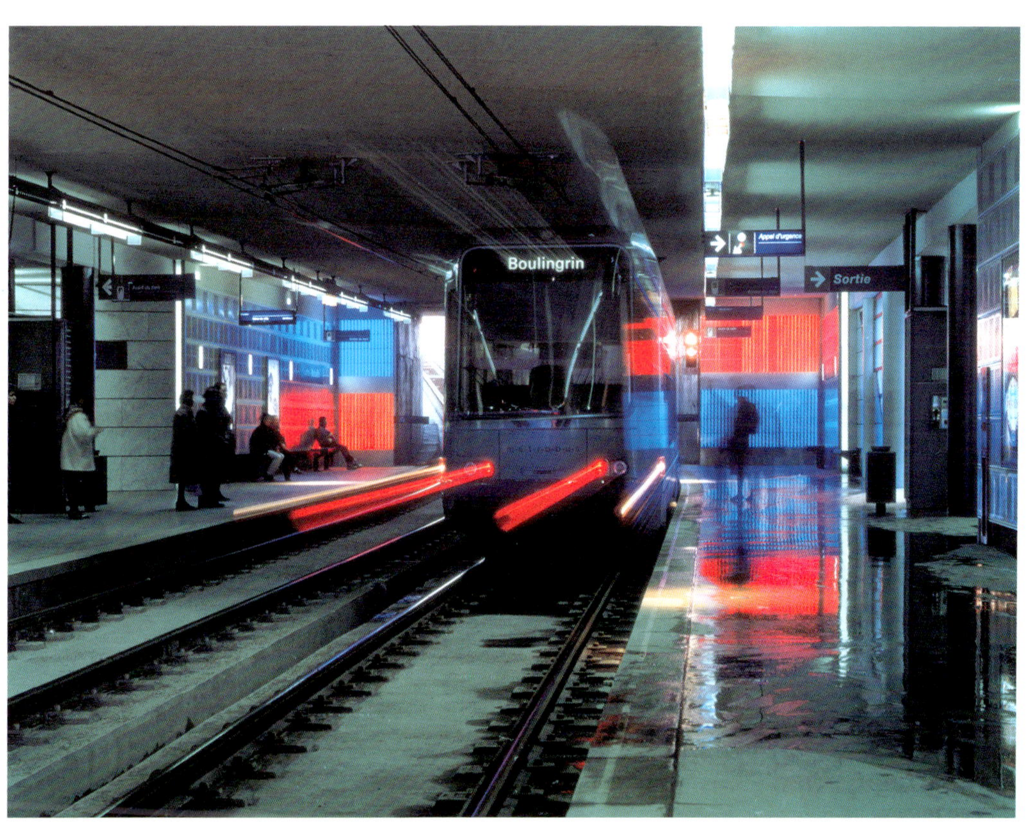
Boulingrin
Sortie
Appel d'urgence

Miami Heliotrope
International Airport, Miami, Florida
City of Miami
Outdoor installation
1996

Miami Heliotrope, suspended in the area beneath the heliport at Miami Airport, consists of metal structures or "space frames", neon lights, transformers and electrical conduit. The airport plan is based on the shape of a horseshoe and the heliport is located at the junction of the two curves. The illumination and treatment of this central area transforms a previously anonymous structure into the focal point of the whole complex, rendering the artwork visible from many different areas of the airport.

Six metal structures or "space frames" are slightly slanted from the horizontal plane and supported in a pinwheel fashion by the three pillars in each of the two tripod areas below the helipad. The six elements are divided into two symmetrical groups of three structures each forming an equilateral triangle when viewed from above.

The dictionary defines "Heliotrope" as an "arrangement of mirrors for reflecting sunlight from a distant point to an observation station". Here the play of color, light, air and reflection from **Miami Heliotrope** against the metallic ceiling and the surrounding structure brings the dictionary definition to life, creating an impressive atmosphere invoking the spirit of Miami, the "City of the Sun", whilst anchoring the flow of activity in the airport.

Miami Heliotrope
Internationaler Flughafen, Miami, Florida,
Stadtverwaltung Miami
Außeninstallation
1996

Miami Heliotrope ist eine permanente Installation bestehend aus räumlichen Fachwerken, Neonröhren, Transformatoren und Elektrokabeln, die am Internationalen Flughafen von Miami im Bereich unter dem Hubschrauber-Landeplatz angebracht wurde. Der Flughafen hat die Form eines Hufeisens, der Hubschrauber-Landeplatz liegt am Verbindungspunkt der beiden Kurven. Beleuchtung und Gestaltung dieses zentralen Bereichs verwandeln eine anonyme Konstruktion in einen zentral gelegenen Brennpunkt des gesamten Gebäudekomplexes. Das Kunstwerk ist von vielen verschiedenen Punkten des Flughafens aus sichtbar.

Für **Miami Heliotrope** hat der Künstler sechs Raumstrukturen aus Metall gewählt, die zur Horizontalen leicht geneigt sind und wie bei einem Windrad unter die beiden Drei-Pfeiler-Bereiche unter dem Hubschrauber-Landeplatz gehängt sind. Die sechs Elemente sind in zwei symmetrische Gruppen – bestehend aus jeweils drei Strukturen – unterteilt: Jede Gruppe bildet von oben gesehen ein gleichseitiges Dreieck.

Das Wörterbuch definiert das »Heliotrop« als eine Anordnung von Spiegeln zur Reflexion des Sonnenlichts von einem entfernten Punkt zu einer Beobachtungsstation (Sonnenwendespiegel). Das Spiel von Farbe, Licht, Luft und Reflexionen von **Miami Heliotrope** mit der metallenen Decke und mit dem umgebenden Baukörper lässt eine eindrucksvolle Atmosphäre entstehen und evoziert den Geist von Miami, der »Sonnenstadt«. **Miami Heliotrope** stellt so eine Station von »Sonne und Licht« dar, die den Bewegungsfluss im Flughafen zentriert.

Mimmi

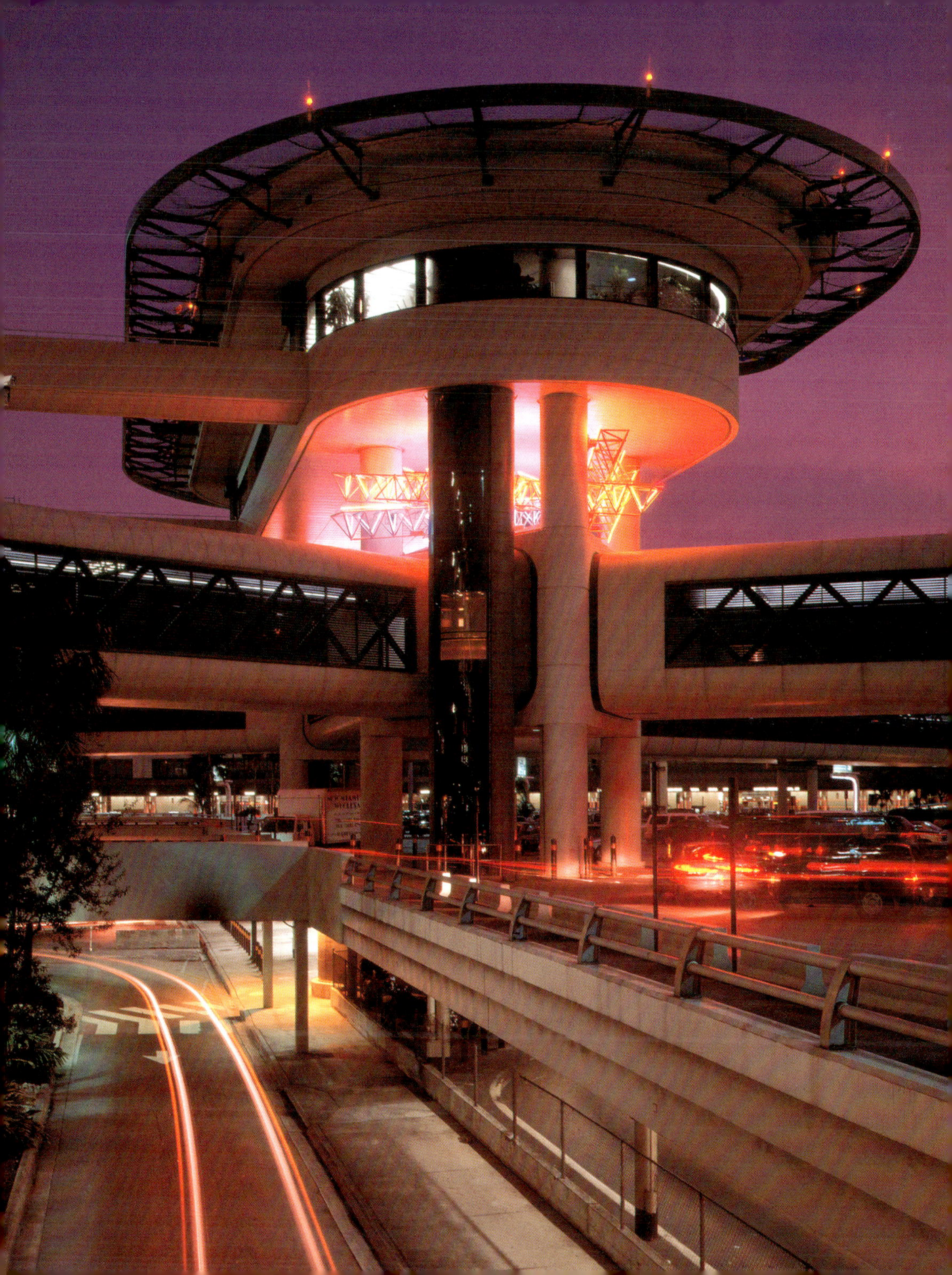

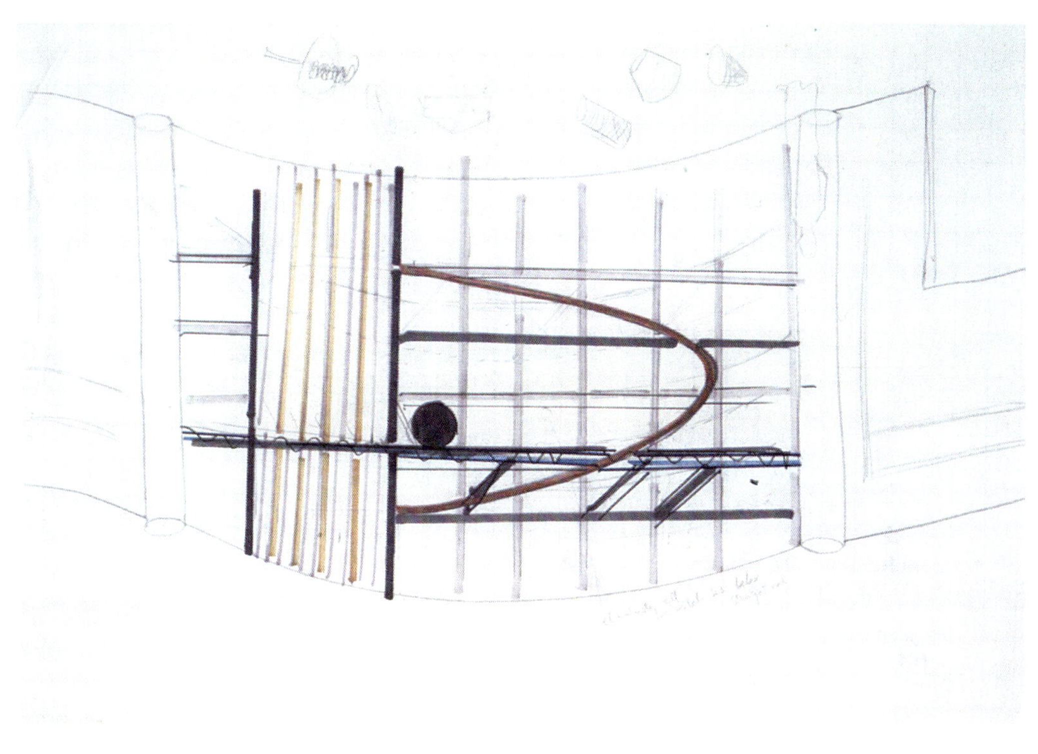

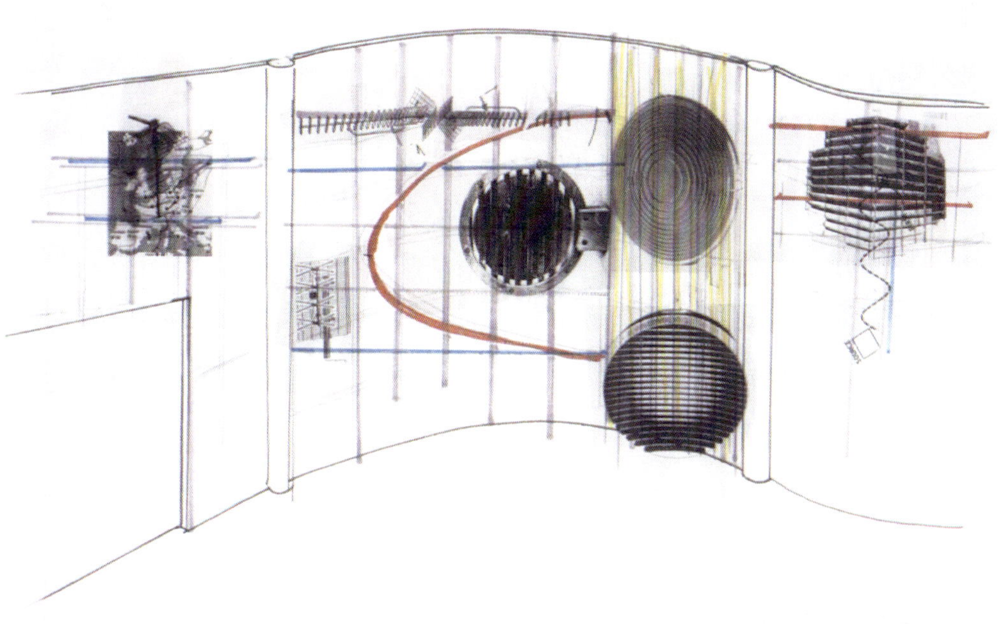

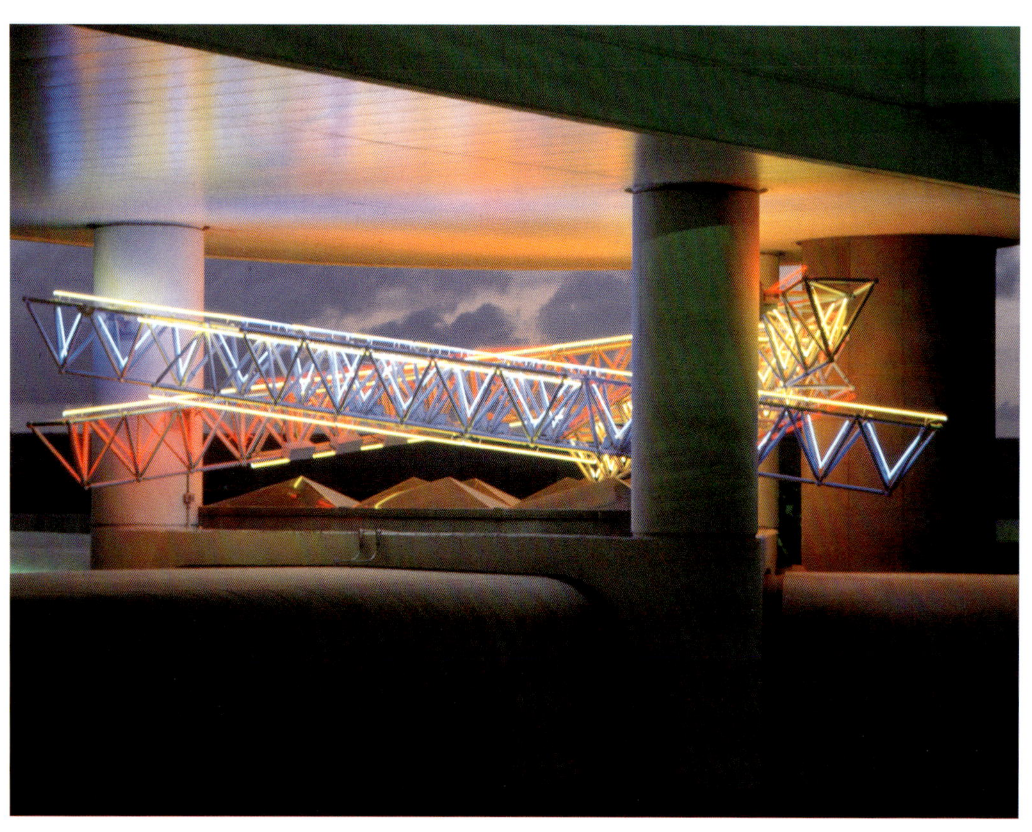

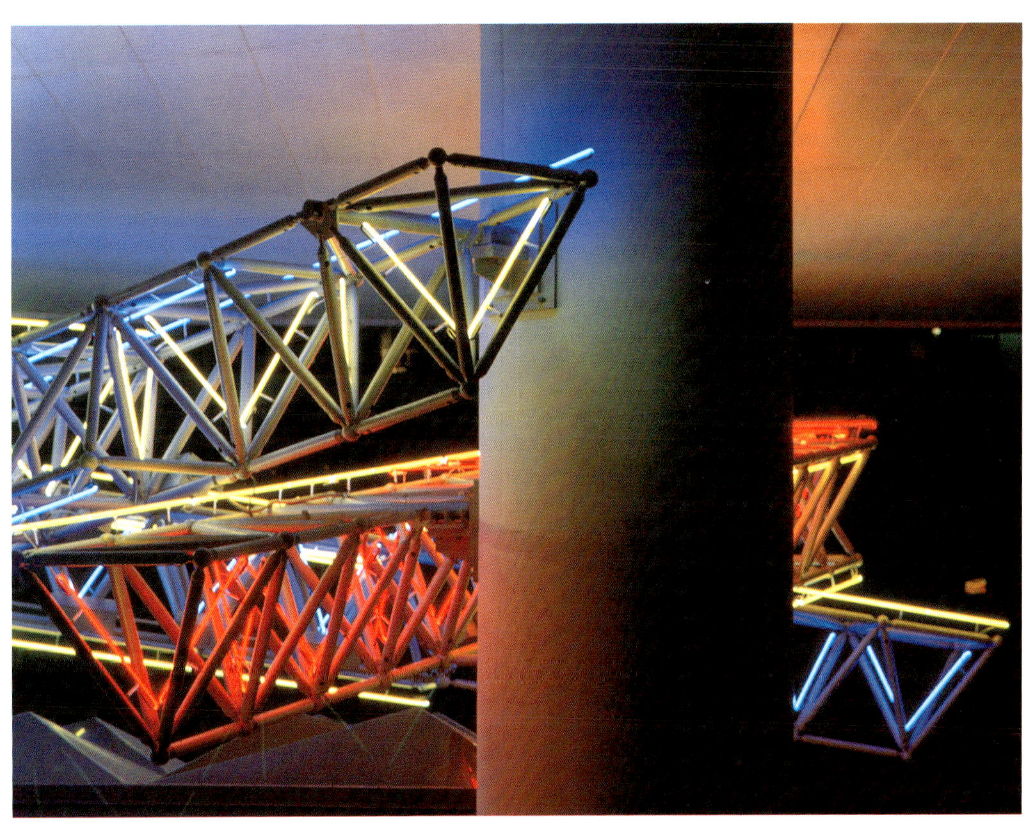

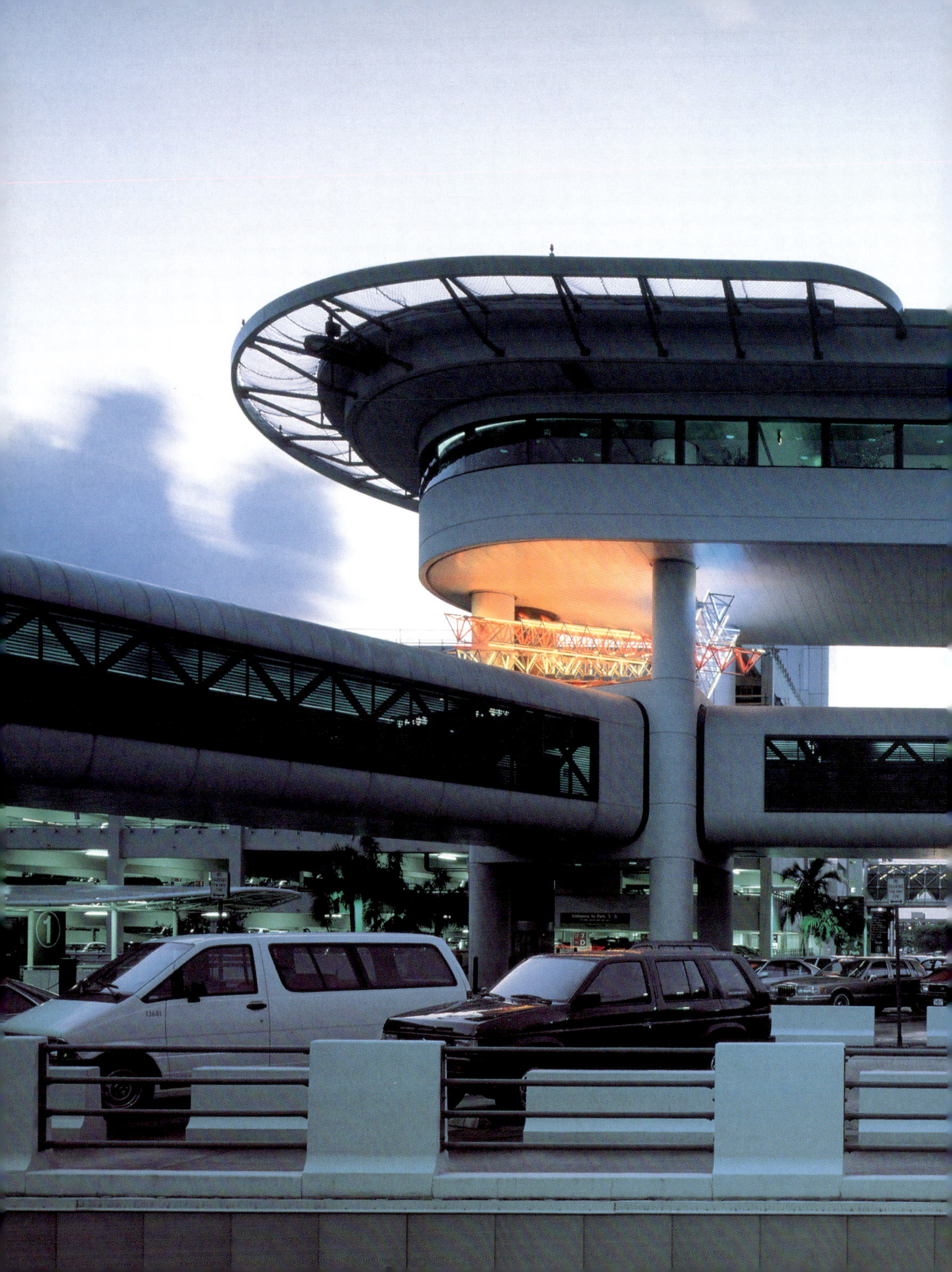

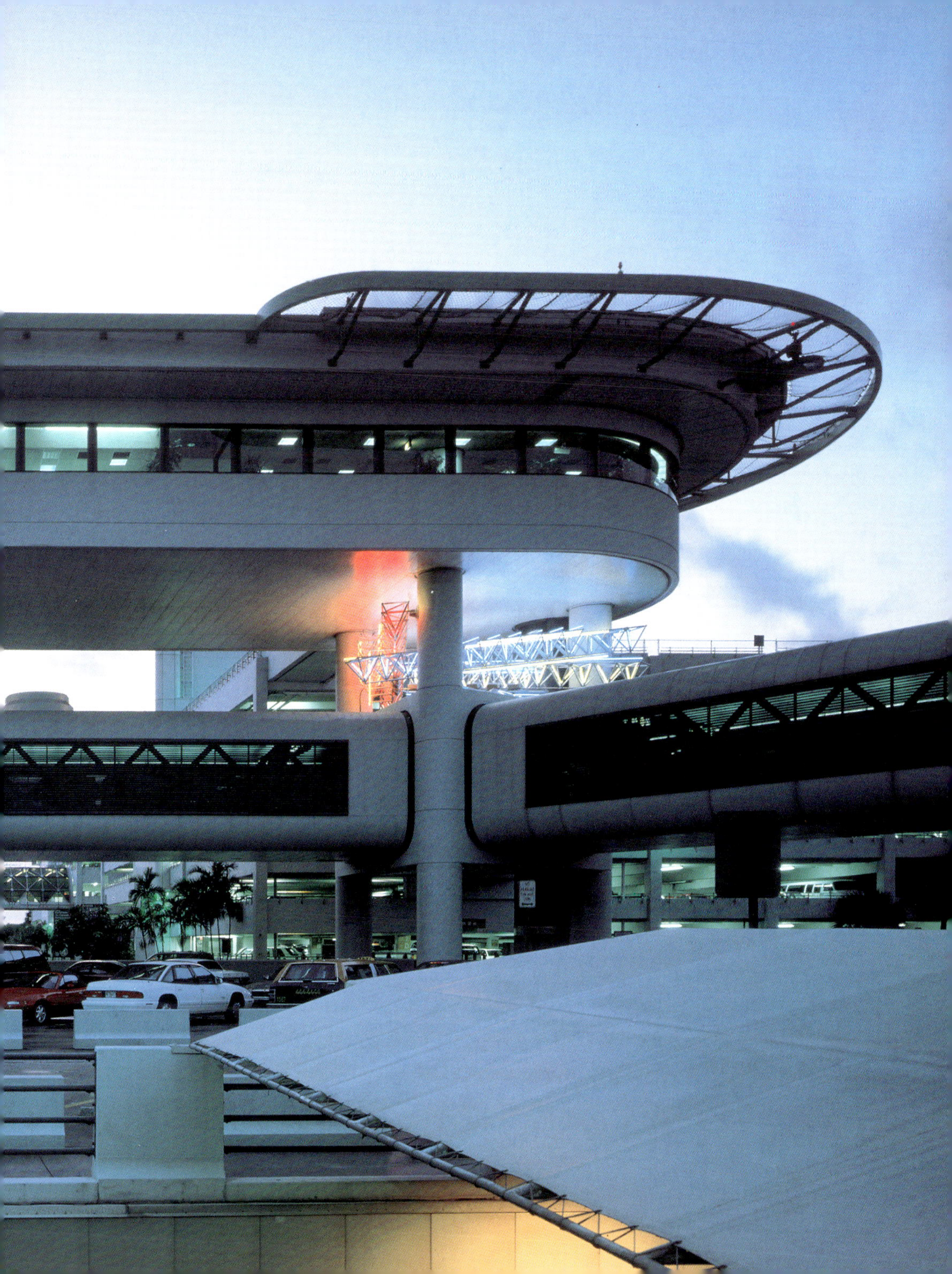

Cenozoic Codex
Bureau of the Census, Bowie, Maryland
General Services Administration
Indoor and outdoor installation
1997

Cenozoic Codex, commissioned by the General Services Administration in Washington D.C., takes its name directly from the geological term "cenozoic" meaning the present era, which, in its most recent epoch pertains to the development of the human race. The term "codex" refers to the earliest assembly of pages in book form, but in archaic terms, it also means a "code". The title as a whole implies the systematic and numeric recording of evolution.

Cenozoic Codex functions mainly as a light piece to be viewed from sundown to dawn. There are three main areas of treatment divided by color and function. The "blue" area defines the length and glass façade of the building by illuminating the corridor meeting points. The "yellow" area illuminates the entrance of the building. The "red" area illuminates the central section of the building, the night security office and lobby. The overall lighting plan for the Census Bureau gives the effect of floating planes of light, in three different colors, giving special attention to the three most utilized areas of the building. The view from a distance is intended to provide an impressive visual display of refracted light through colored planes focusing on the high-tech aspect of the architectural detail of glass, steel and high-tension rods. The general impression is one that alludes to a giant computer or ground-lodged space station.

Cenozoic Codex
Bureau of the Census, Bowie, Maryland,
General Services Administration
Innenraum- und Außeninstallation
1997

Cenozoic Codex ist eine Lichtinstallation, die drei Bereiche eines Verwaltungsgebäudes farblich akzentuiert: »Blaue Bereiche« an den Schnittpunkten zwischen dem langen Fußgängerkorridor, der zugleich als Fassade für den Bau dient, und den anderen Gängen; einen »gelben Bereich« am Glasvordach aus Neonröhren, die unter Aluminiumkragträgern montiert sind; und einen »roten Bereich« im zentralen Trakt des Gebäudes, der von stabilen Wänden und einer Glasdecke umschlossen ist. Die Neonröhren sind entlang der Stützrippen des Vordaches und unter den horizontalen Elementen des Stahlfachwerks, das die Glasfassade trägt, befestigt.

Die Lichtinstallation **Cenozoic Codex** kommt vor allem in
der Zeit zwischen Sonnenuntergang und Morgendämme-
rung zur Wirkung. Die blauen Bereiche definieren die Länge
und die Glasfassade des Gebäudes, der gelbe Bereich
beleuchtet den Eingang, der rote erhellt den zentralen Trakt,
den Raum für die Nachtüberwachung und das Foyer. Der
Beleuchtungsplan für das Amt für Volkszählung legt das
Hauptaugenmerk auf die drei meistgenutzten Bereiche des
Gebäudes. Aus der Ferne sieht man eine optisch eindrucksvolle Präsentation von Licht, das durch farbige Flächen
gebrochen wird und die High-tech-Details der Architektur
aus Glas, Stahl und Trägerelementen betont. Dies erweckt
den Eindruck eines riesigen Computers oder einer
Weltraumstation am Boden.

Cenozoic Codex wurde vom Kunst am Bau-Programm
der General Services Administration GSA für das Bureau
of Census (Amt für Volkszählung) in Bowie, Maryland, in
Auftrag gegeben. Das Gebäude wurde von Metcalf, Davis,
Brody Architects entworfen.

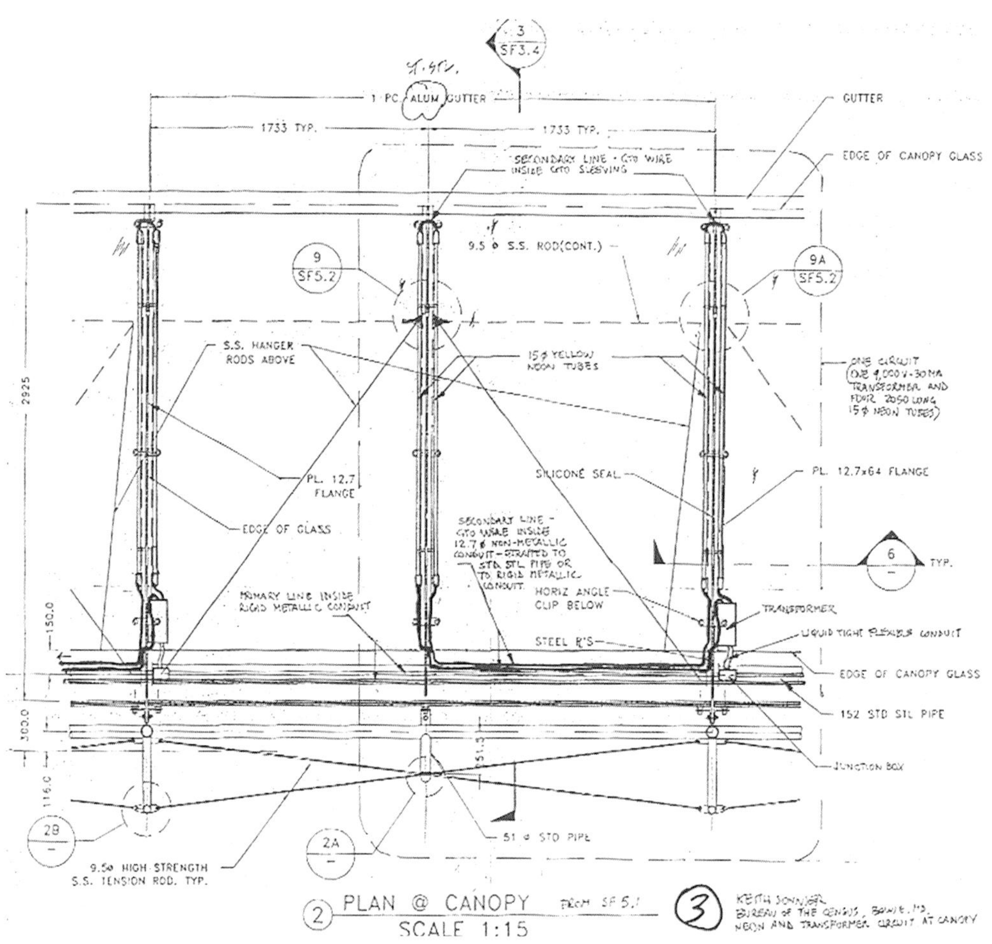
3
SF3.4
1 PC ALUM GUTTER
1733 TYP.
1733 TYP.
GUTTER
EDGE OF CANOPY GLASS
SECONDARY LINE - GTO WIRE INSIDE GTO SLEEVING
9.5 ø S.S. ROD(CONT.)
9
SF5.2
9A
SF5.2
S.S. HANGER RODS ABOVE
15 ø YELLOW NEON TUBES
ONE CIRCUIT (ONE 9,000 V - 30 MA TRANSFORMER AND FOUR 2050 LONG 15 ø NEON TUBES)
2925
PL. 12.7 FLANGE
SILICONE SEAL
PL. 12.7x64 FLANGE
EDGE OF GLASS
SECONDARY LINE - GTO WIRE INSIDE 12.7 ø NON-METALLIC CONDUIT - STRAPPED TO STD STL PIPE OR TO RIGID METALLIC CONDUIT.
6
TYP.
PRIMARY LINE INSIDE RIGID METALLIC CONDUIT
HORIZ ANGLE CLIP BELOW
TRANSFORMER
150.0
STEEL R'S
LIQUID TIGHT FLEXIBLE CONDUIT
EDGE OF CANOPY GLASS
152 STD STL PIPE
300.0
JUNCTION BOX
116.0
51 ø STD PIPE
2B
2A
9.5ø HIGH STRENGTH S.S. TENSION ROD. TYP.
2   PLAN @ CANOPY   FROM SF 5.1
SCALE 1:15
3
KEITH SONNIER
BUREAU OF THE CENSUS, BOWIE, MD.
NEON AND TRANSFORMER CIRCUIT AT CANOPY

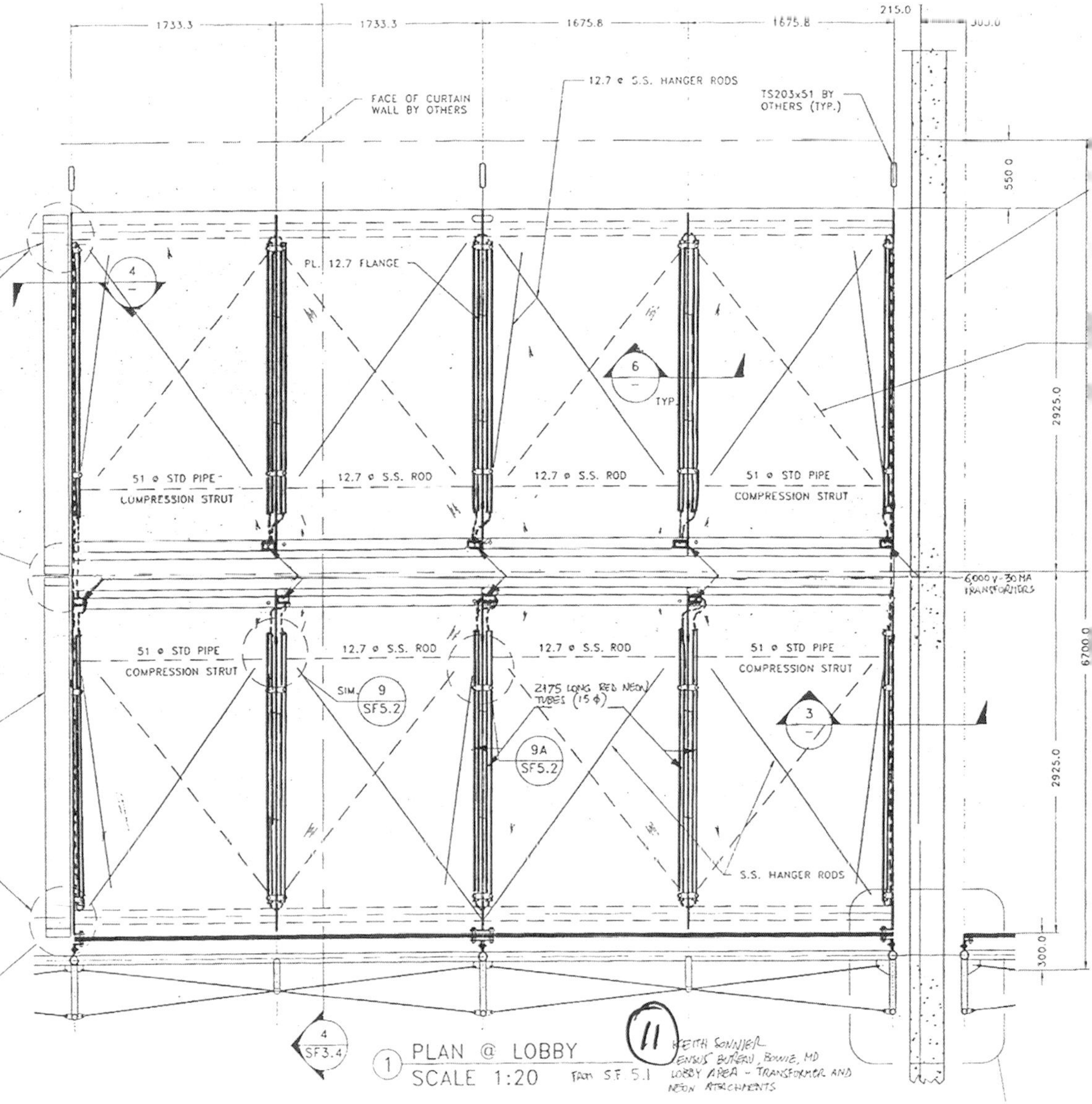

1733.3
1733.3
1675.8
1675.8
215.0
305.0
550.0
2925.0
2925.0
6700.0
300.0
FACE OF CURTAIN WALL BY OTHERS
12.7 ø S.S. HANGER RODS
TS203x51 BY OTHERS (TYP.)
PL. 12.7 FLANGE
51 ø STD PIPE COMPRESSION STRUT
12.7 ø S.S. ROD
12.7 ø S.S. ROD
51 ø STD PIPE COMPRESSION STRUT
51 ø STD PIPE COMPRESSION STRUT
12.7 ø S.S. ROD
12.7 ø S.S. ROD
51 ø STD PIPE COMPRESSION STRUT
6,000 V - 30 MA TRANSFORMERS
2175 LONG RED NEON TUBES (15 ø)
S.S. HANGER RODS
SIM
9
SF5.2
9A
SF5.2
3
4
6
TYP.
4
SF3.4
1
PLAN @ LOBBY
SCALE 1:20
FROM S.F 5.1
11
KEITH SONNIER
ENSUS BUREAU, BOWIE, MD
LOBBY AREA - TRANSFORMER AND NEON ATTACHMENTS

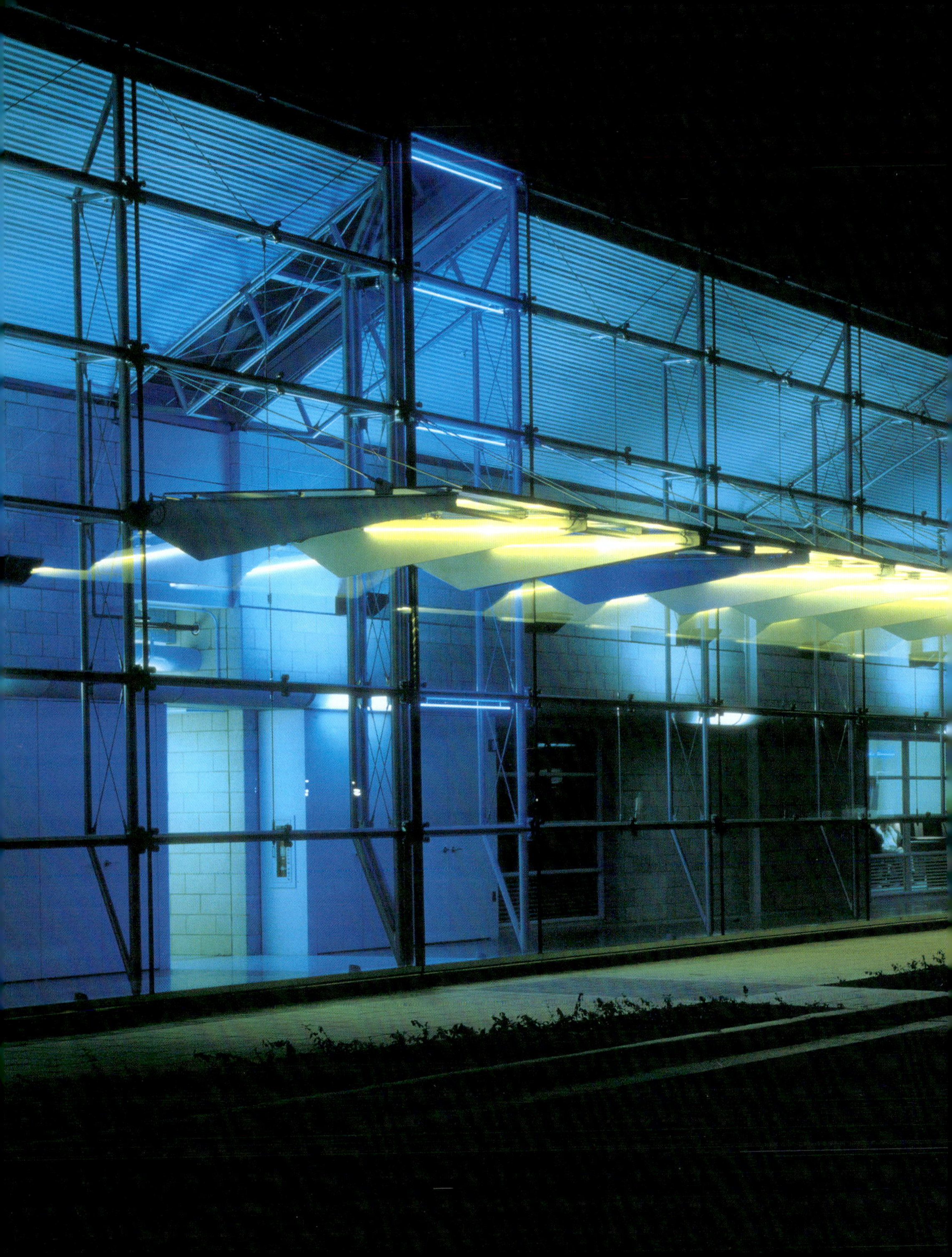

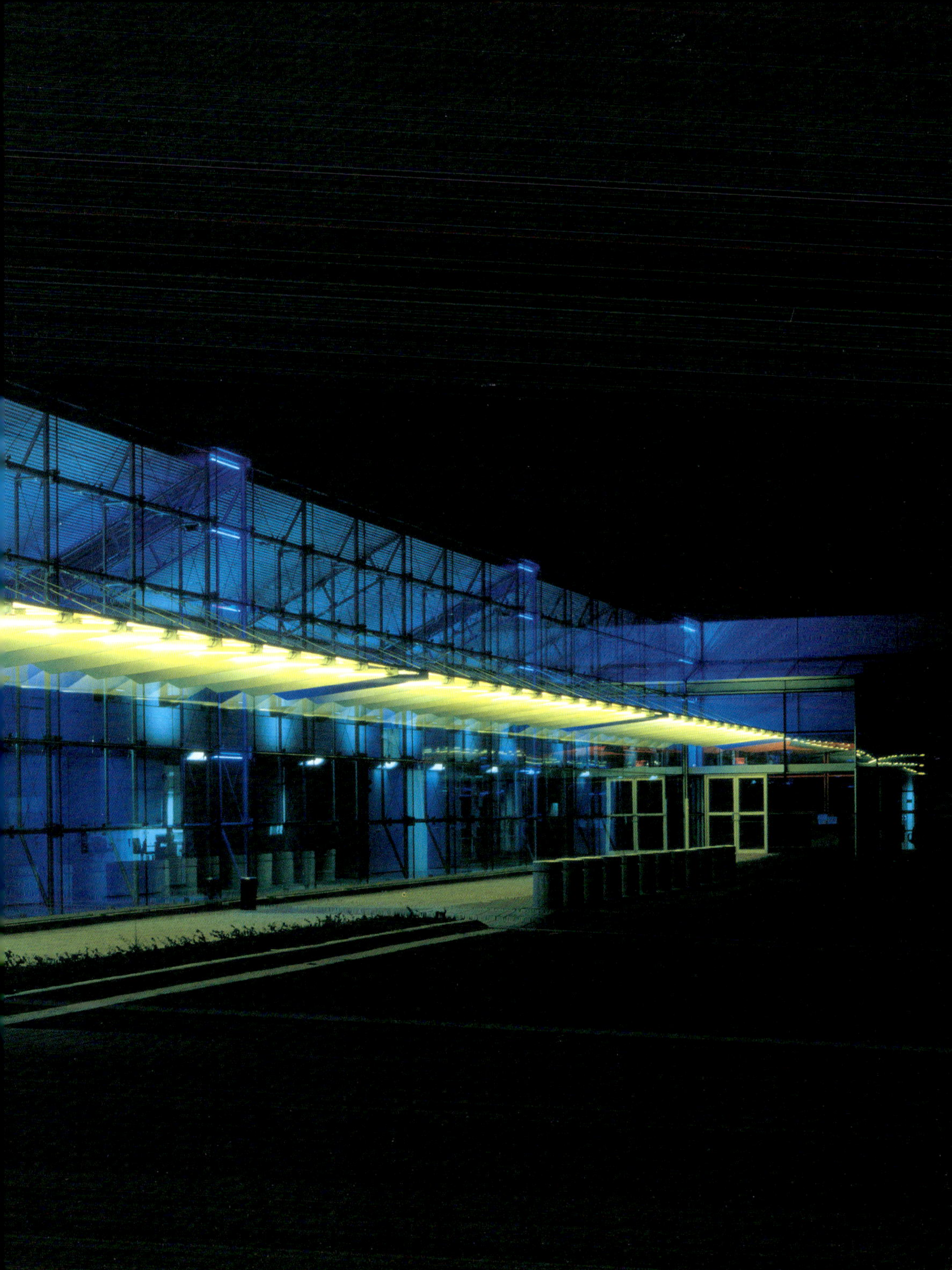

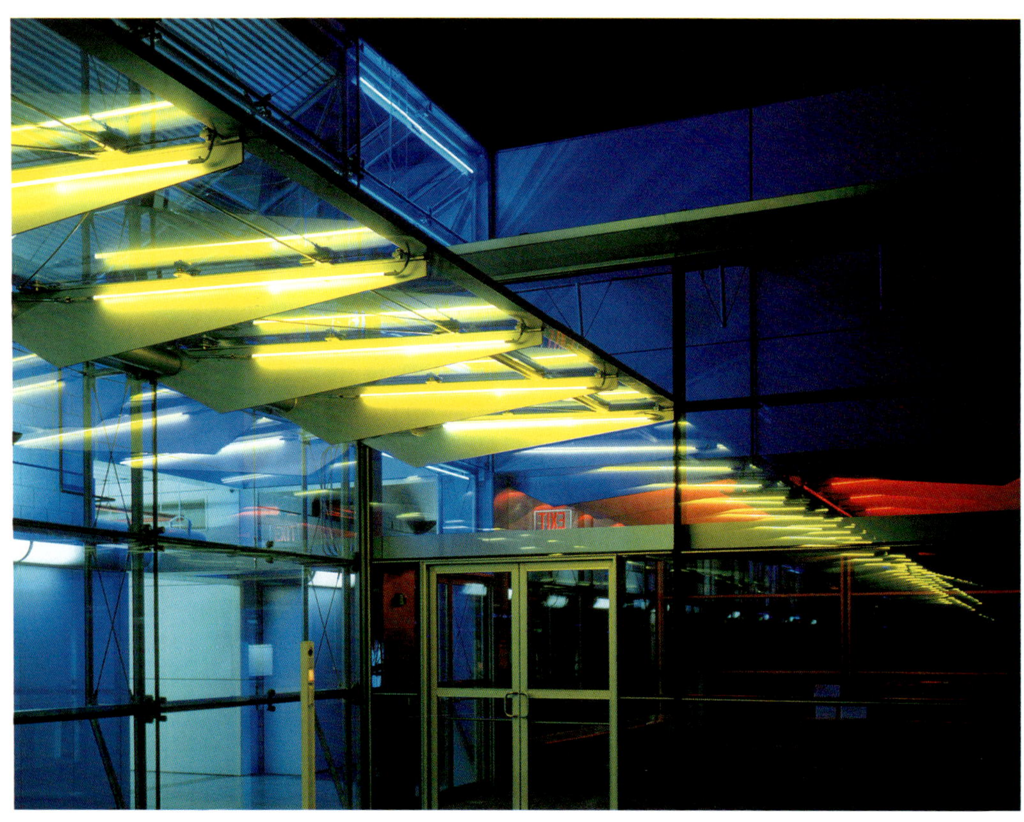

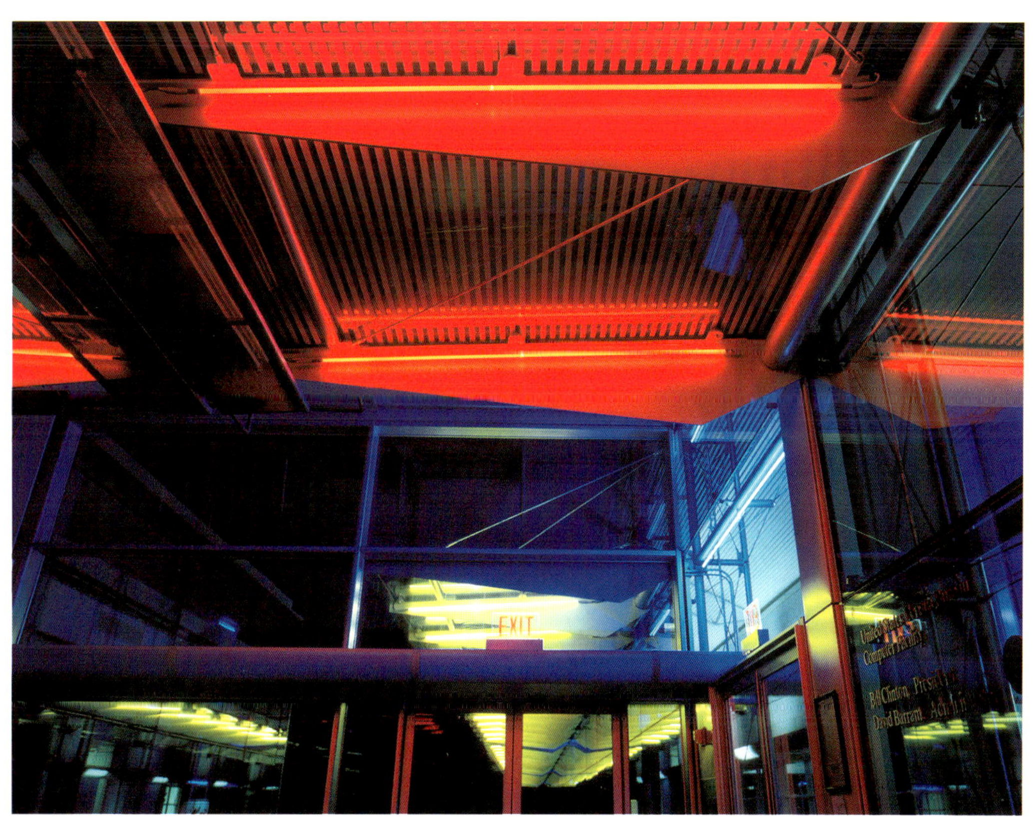

EXIT

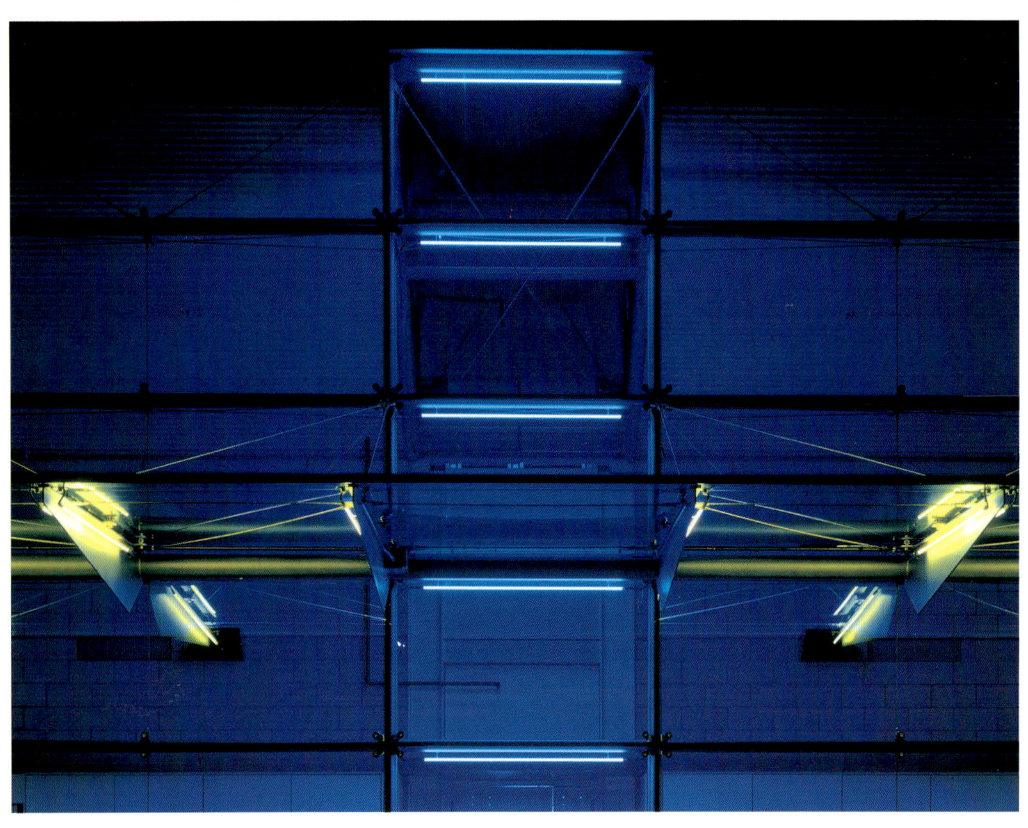

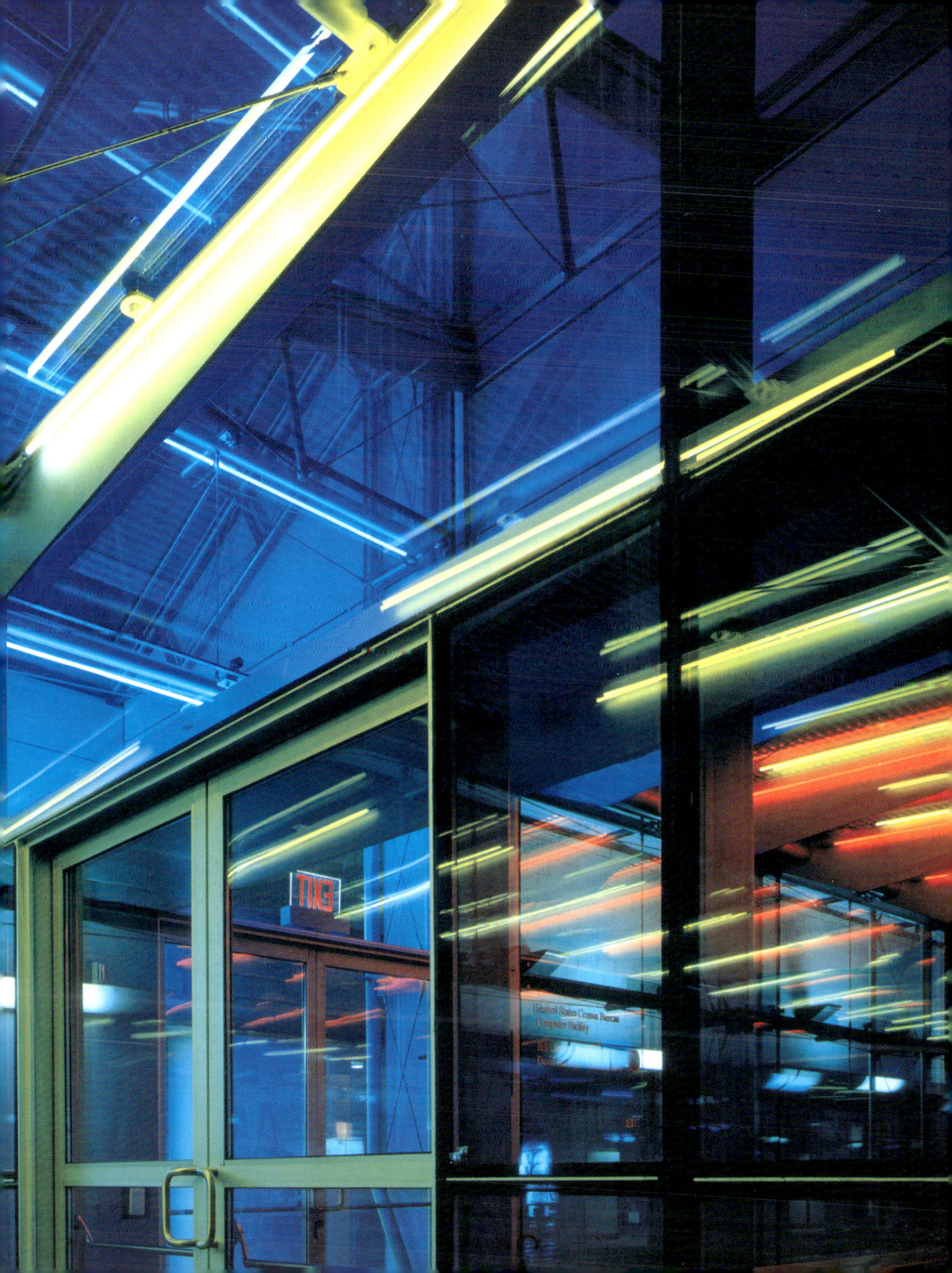

Route Zenith
Ronald Reagan Building & International Trade Center,
Washington D.C., General Sevices Administration,
Indoor installation
1997

Route Zenith, commissioned by the Art-in-Architecture program of the General Services Administration in Washington, is one of Sonnier's major art commissions in the United States. Consisting of neon lights, electrical cable, conduits, transformers and glass panels, the artwork is attached directly to the two screen walls in the East Atrium terrace of the building. Each of the two screen walls is 49 feet high and 30 feet wide, and is clearly visible from all vantage points in the massive atrium area.

Route Zenith focuses on the interchange of light and reflection. The artist has chosen a vertical, horizontal and radial design to interact with the two curvilinear screen walls and to synthesize the essential architectural elements of the building designed by architect James Ingo Freed of Pei Cobb Freed & Partners.

The initial design drawings for **Route Zenith** were conceived like musical scores, where many layered ingredients are combined to describe a theme. Similarly the play of color, light and reflections through the glass creates a vital and impressive atmosphere which symbolizes the flow of activities in the complex.

The neon tubes are all original Venetian tinted glass which, when combined with the neon gas inside them, create a more saturated red, yellow and blue color. This combination produces a superior form of neon light.

Like the zenith, the point in the sky which allows the sailor to orient himself at sea and the astronomer to determine the movement of celestial bodies, Route Zenith establishes a microcosmic environment in the atrium: it functions as a meeting point of people, energy and dynamism.

Route Zenith
Ronald Reagan Building & International Trade Center,
Washington D.C.
General Services Administration
Innenraum-Installation
1997

Route Zenith wurde vom Art in Architecture-Programm (Kunst am Bau) der General Services Administration in Washington D.C. in Auftrag gegeben und ist eine der bedeutendsten Auftragsarbeiten von Keith Sonnier in den USA. Es ist eine permanente Installation aus Neonröhren, elektrischen Kabeln, Rohren, Transformatoren und Glasscheiben und befindet sich direkt an den beiden Glaswänden der East Atrium Terrace des Ronald Reagan Building & International Trade Center in Washington D.C. Jeder der beiden Teile der Installation ist 15 Meter hoch und 9 Meter breit, so dass die Arbeit im großangelegten Lichthof von allen wichtigen Standorten aus gut sichtbar ist.

Die Arbeit konzentriert sich auf die Beziehung von Licht und Reflexion. Der Künstler hat eine vertikale, horizontale und radiale Komposition gewählt, die in Wechselwirkung mit den beiden bogenförmigen Glaswänden steht und so eine Synthese mit den wesentlichen Elementen der Architektur des Gebäudes eingeht, das der Architekt Ingo Freed von Pei Cobb Freed & Partners entworfen hat.

Die ersten Entwurfsskizzen für **Route Zenith** entstanden ähnlich wie Partituren, in denen viele Elemente in Schichten kombiniert werden, um ein Thema darzustellen. Das Zusammenspiel von Farbe, Licht und Reflexion durch das Glas schafft gleichermaßen eine lebendige, eindrucksvolle Atmosphäre, die den Fluss der Aktivitäten im Gebäude-komplex symbolisiert.

Die Neonröhren bestehen aus venezianischem Buntglas, das in Verbindung mit dem Neongas im Inneren satter wirkende Rot-, Gelb- und Blautöne ermöglicht. Diese Zusammen-setzung ergibt ein höchst eindrucksvolles Neonlicht.

Wie der Zenit, der Scheitelpunkt am Himmel, der die Orientierung auf dem Meer ermöglicht und dem Astronomen die Bestimmung der Bewegung von Himmelskörpern, so schafft **Route Zenith** ein mikrokosmisches Umfeld im Lichthof: Die Installation dient als Berührungspunkt von Menschen, Energie und Dynamik.

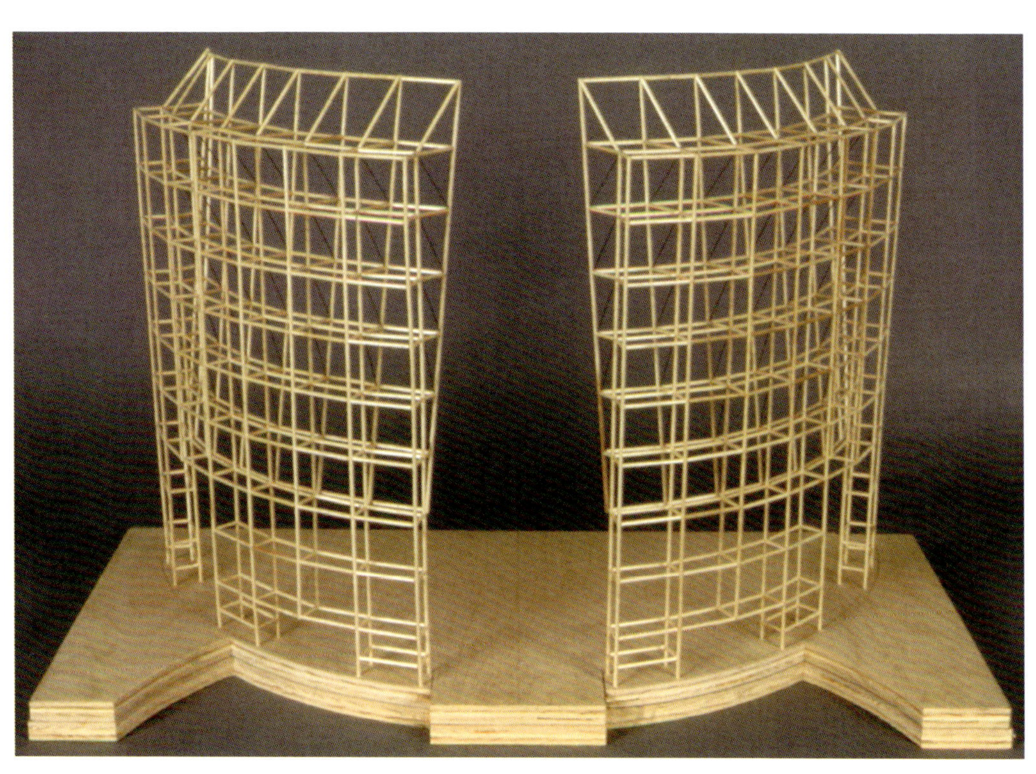

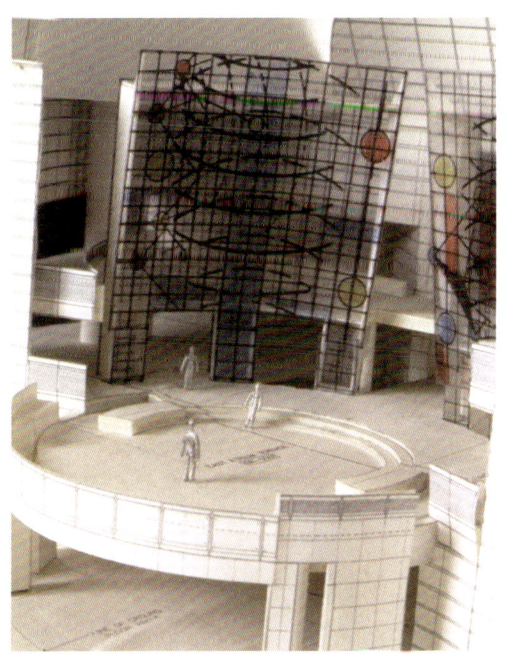
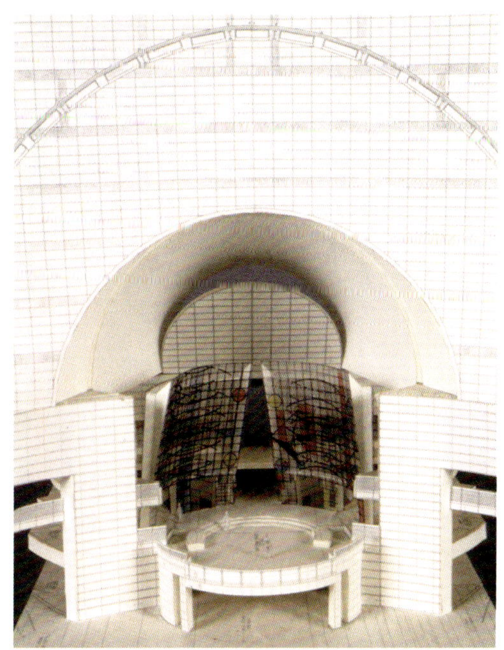
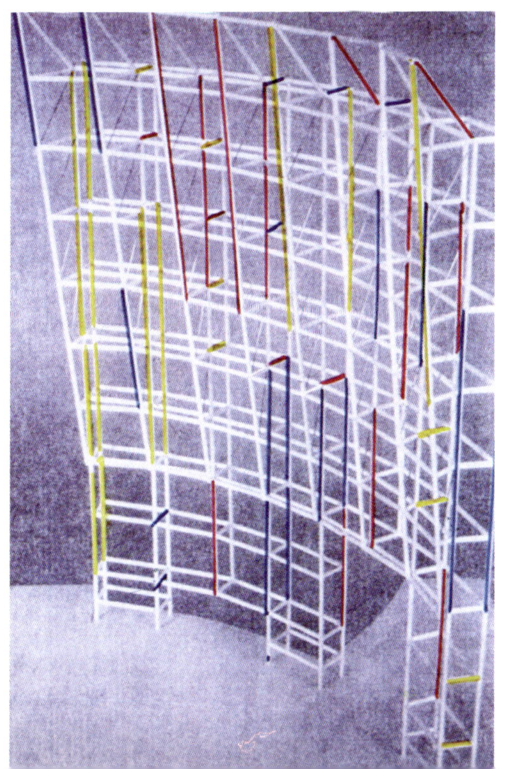
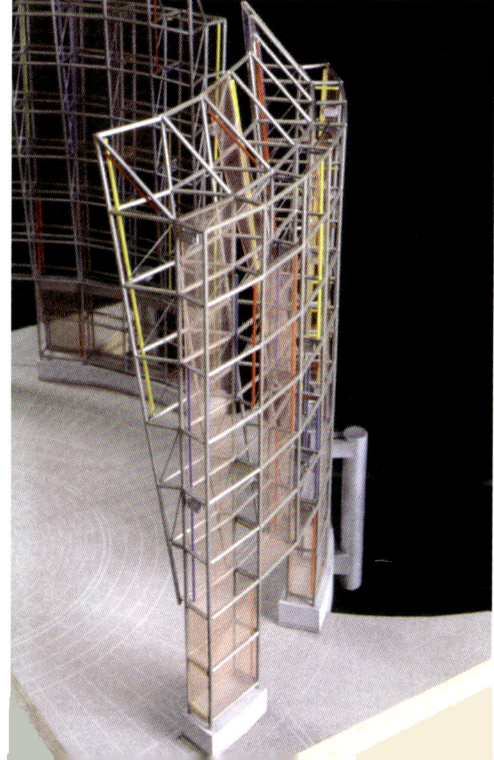

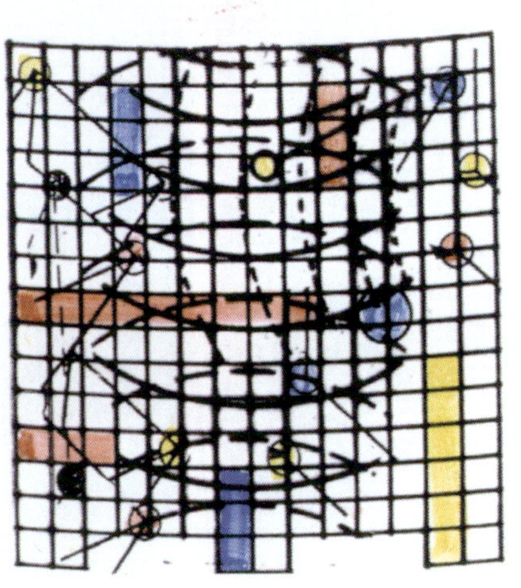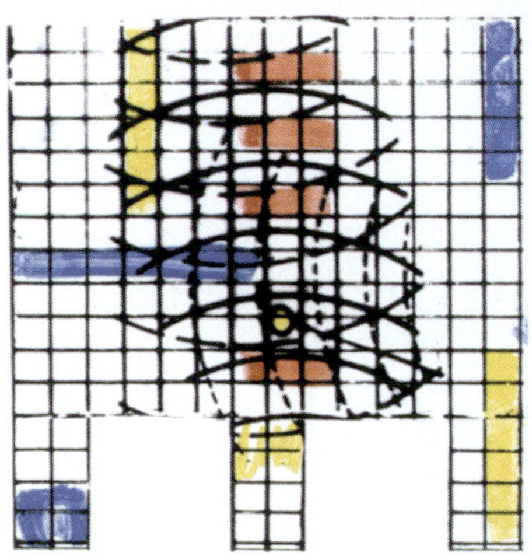

KEITH SONNIER
FEDERAL TRIANGLE BUILDING, WASHINGTON D.C.
PROPOSAL FOR PERMANENT INSTALLATION OF
SITE-SPECIFIC ARTWORK ON SCREEN WALL,
EAST ATRIUM
VIEW OF ALUMINUM SHEETS MOUNTING TUBES, FIBER
OPTICS AND HALOGEN FIXTURES MOUNTED TO
METAL FRAME

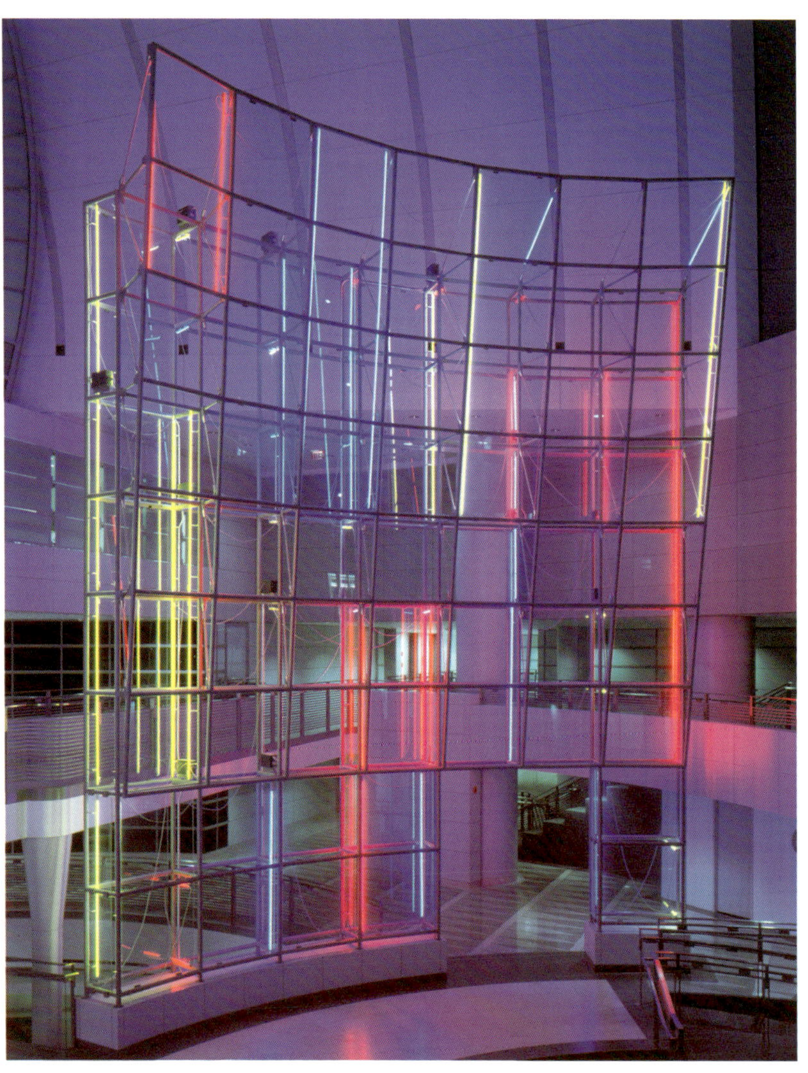

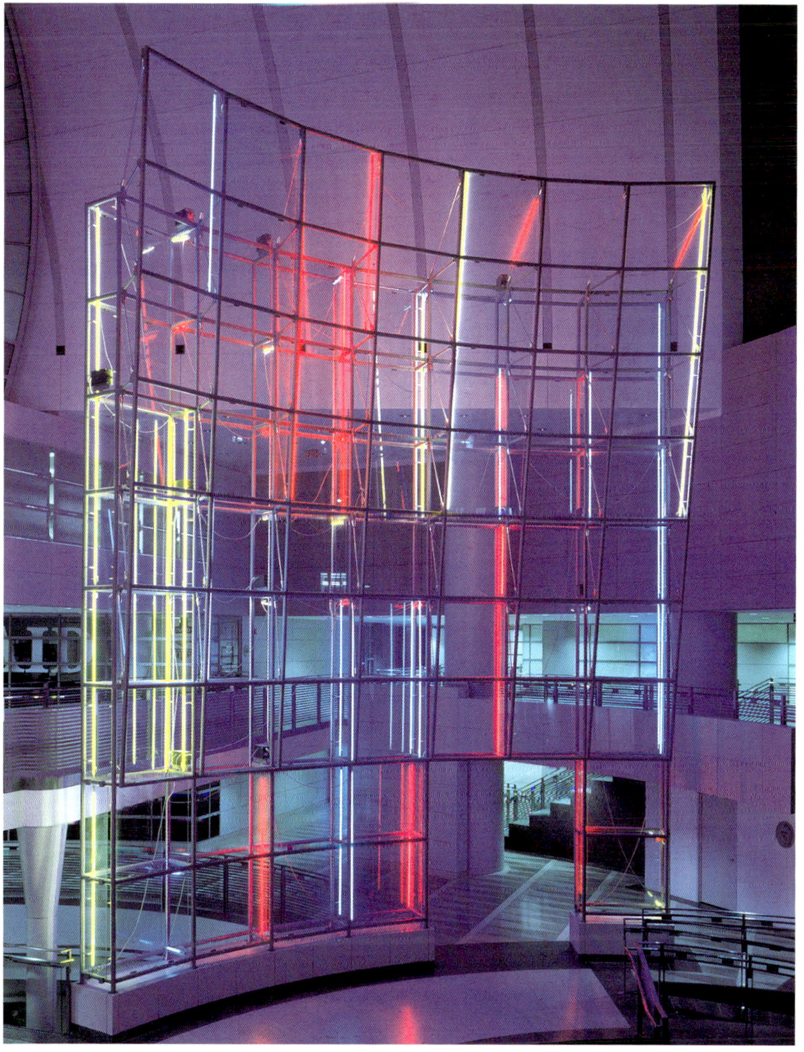

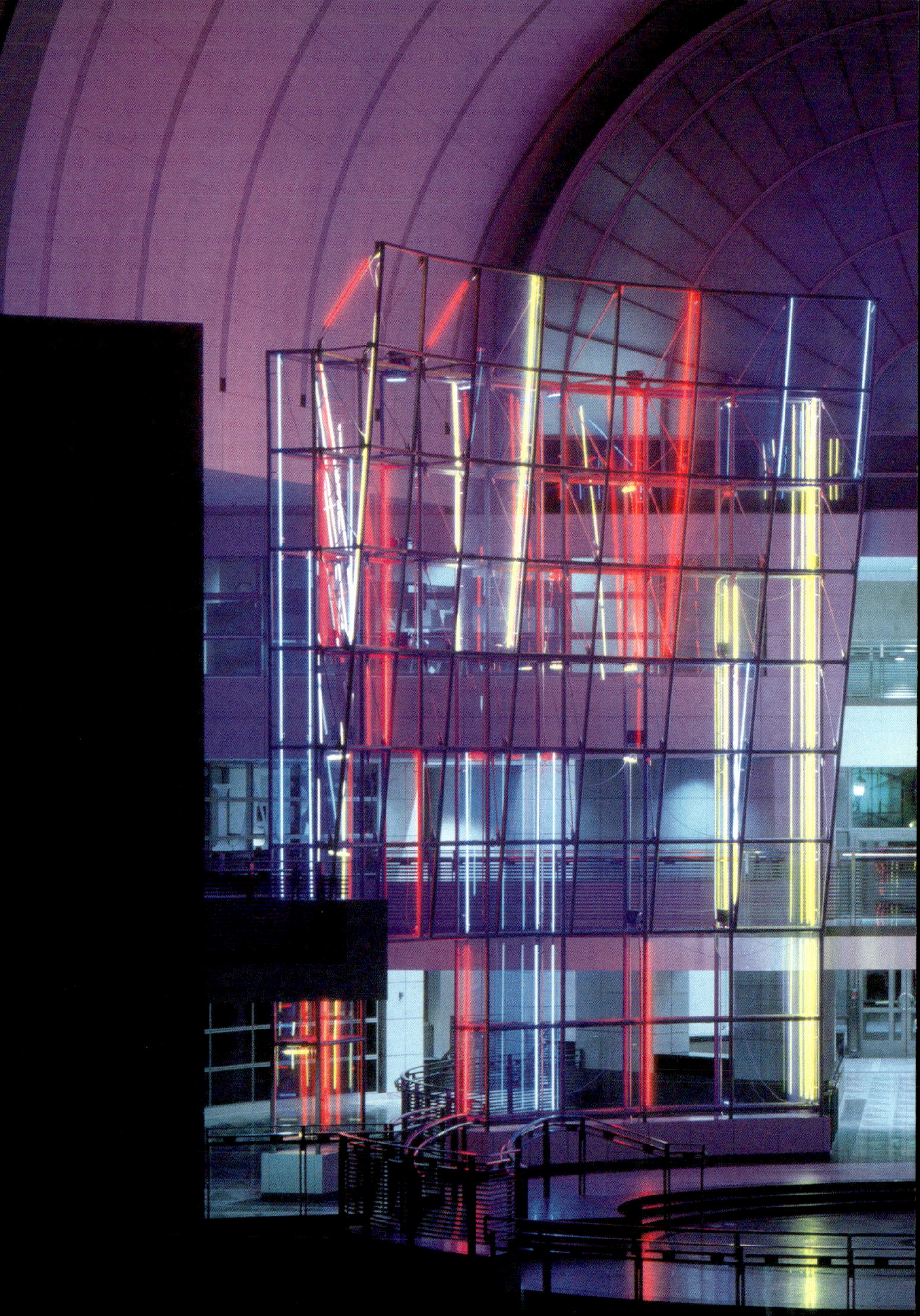

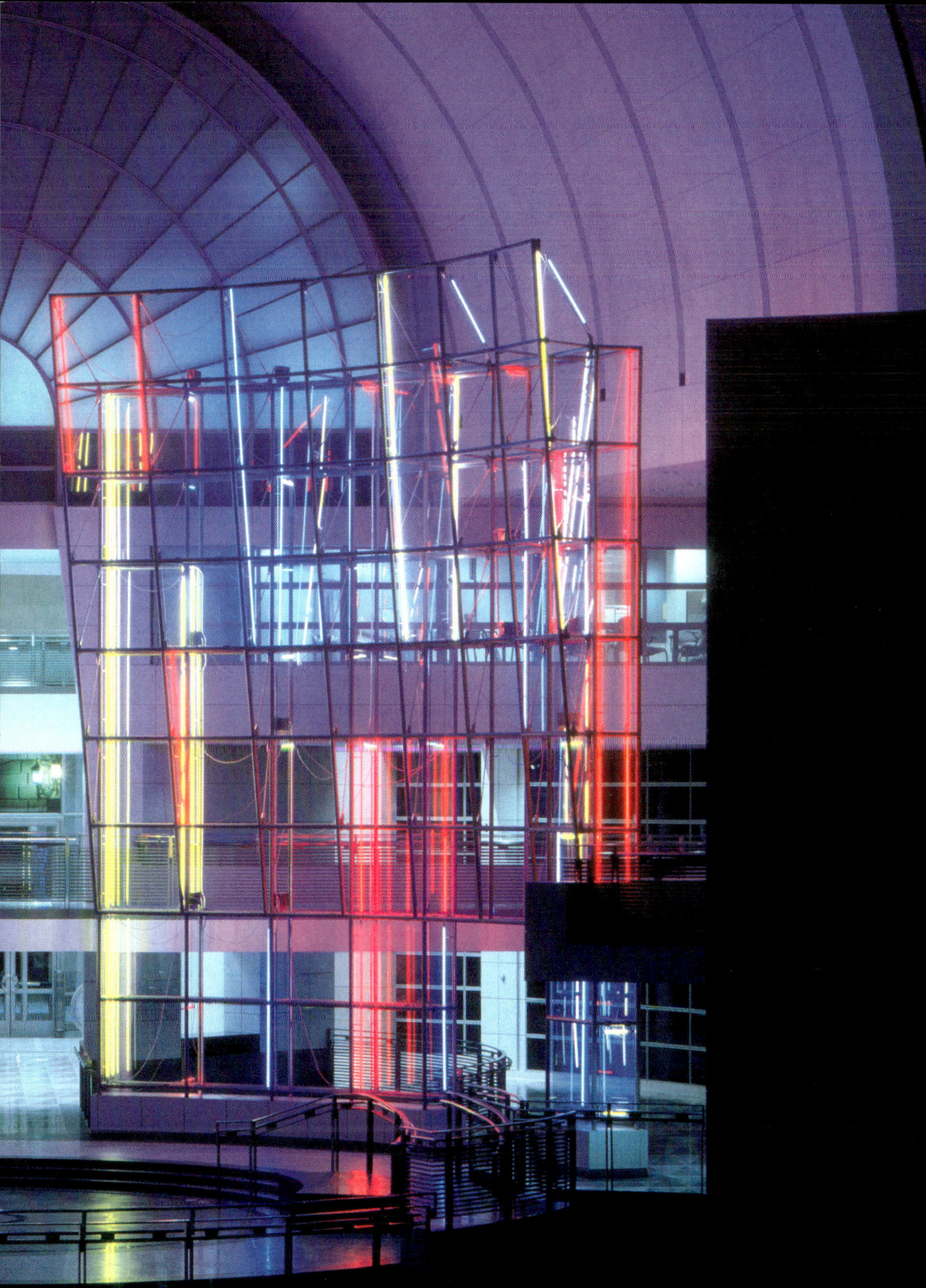

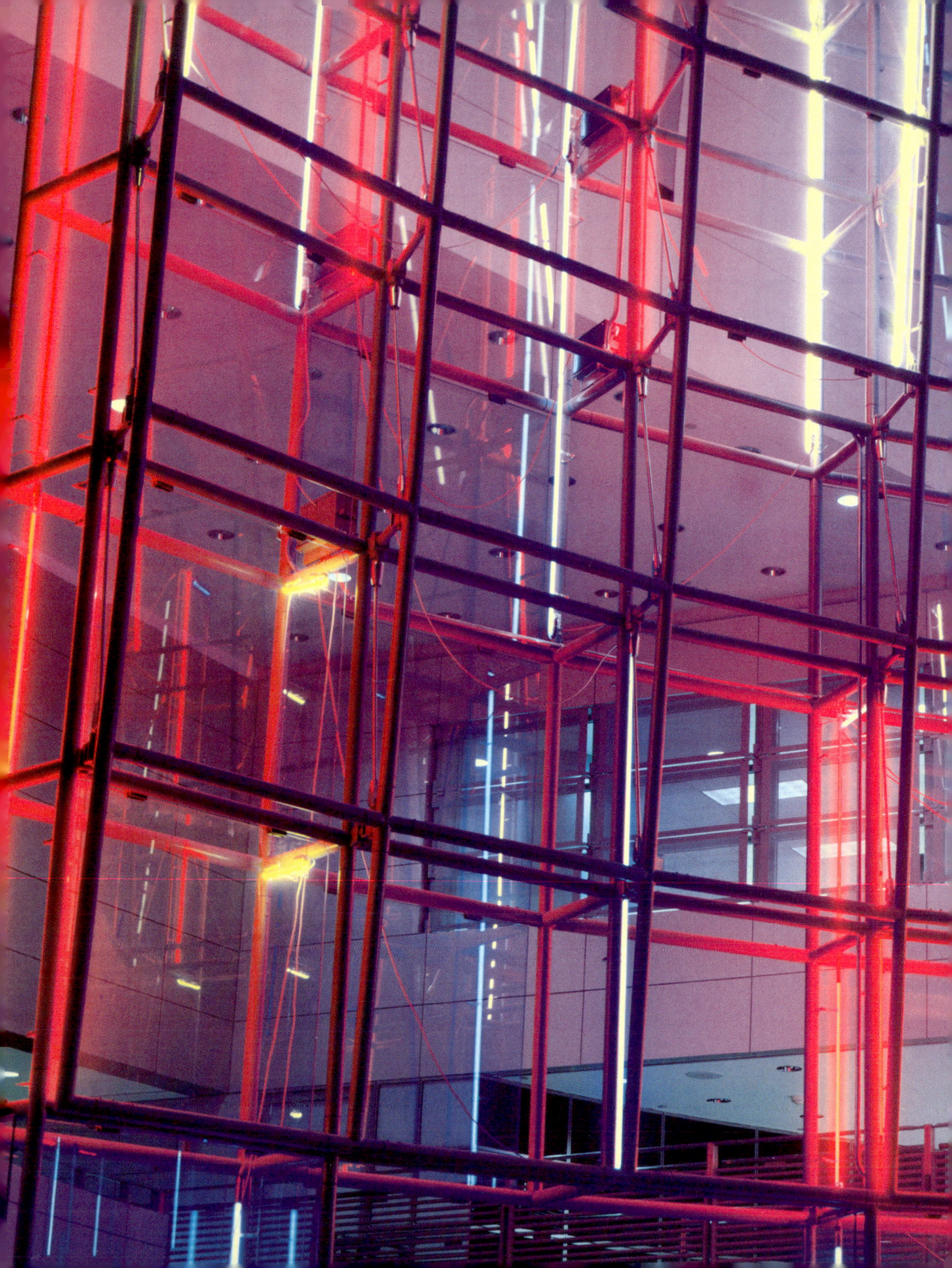

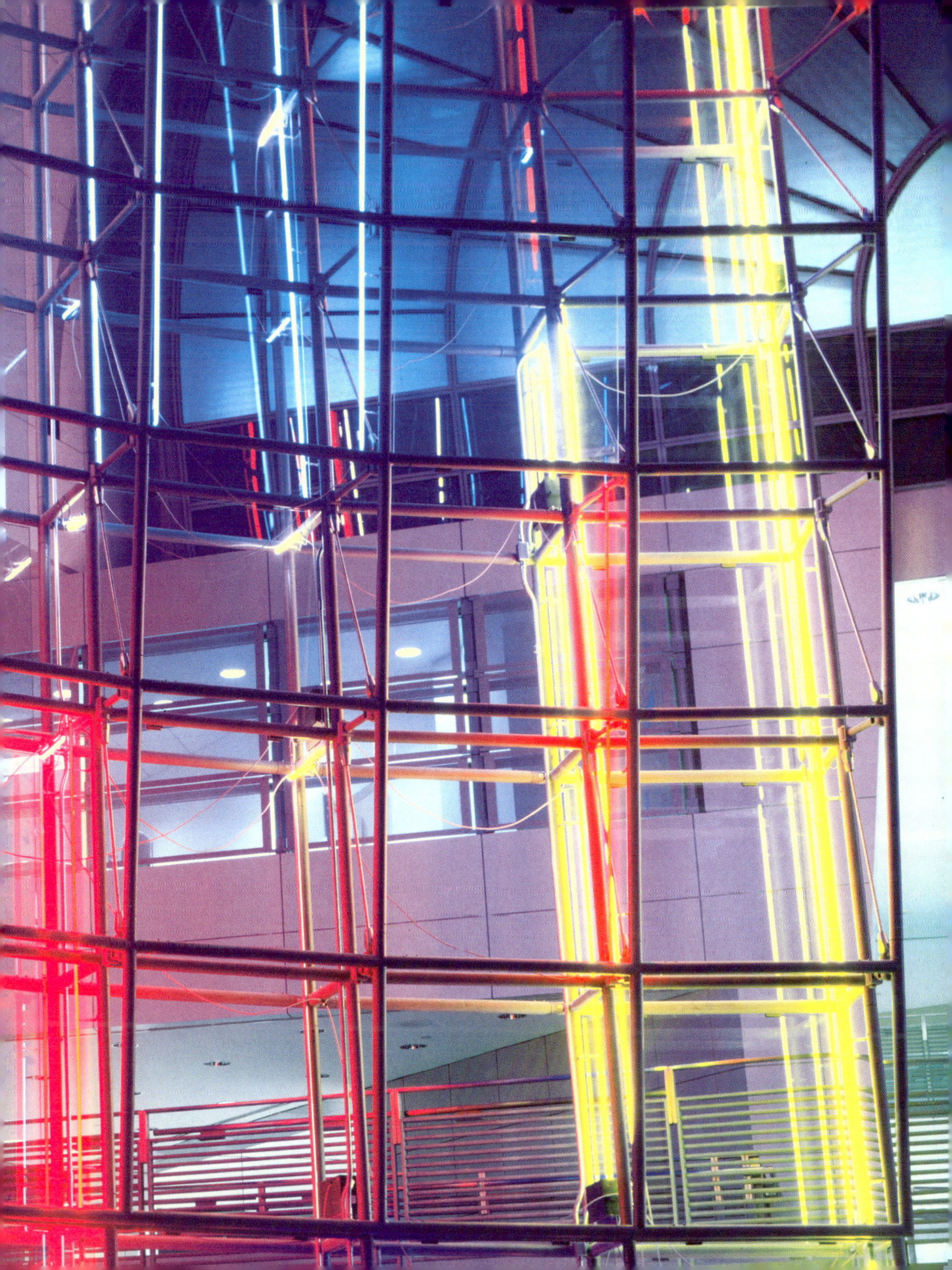

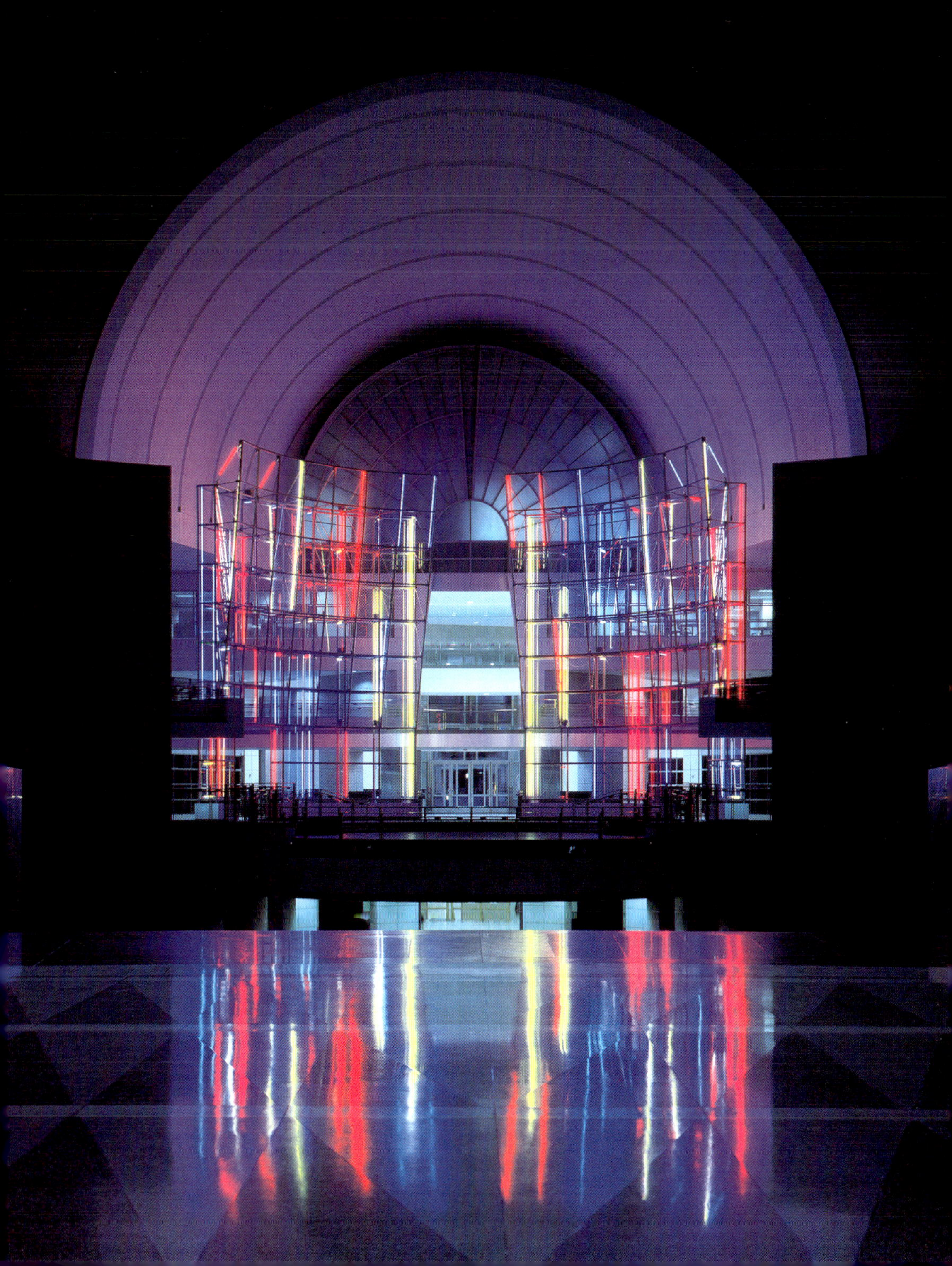

Fallen Tears
Central Health Insurance Company
Cologne, Germany
Indoor installation
1999

Commissioned by the Central Health Insurance Company
(Central Krankenversicherung AG) for its headquarters in
Cologne, **Fallen Tears** is the culmination of the experimental
Tears Series in which the artist has created short, curvilinear
gestures with glass, a form which is reminiscent of his early
calligraphy-inspired works (SEL Series, 1978). The neon
tubes, filled with either pure neon or argon gas, create an
environment saturated with color and yet without the
addition of color pigmentation.

Fallen Tears is remarkable in that the neon tubes seem
to float in space and do not appear to be fixed directly to
the architecture. The gestural quality of the neon creates
an interesting animated "drawing" suspended in the air.
The dramatic placement of **Fallen Tears,** in the atrium of the
multi-storied building, suggests an ascending movement
within a vortex of light. The artwork is inspired by the
possible journey of the soul as it leaves the body and enters
oblivion.

Fallen Tears
Central Krankenversicherung AG, Köln
Innenraum-Installation
1999

Im Auftrag der Central Krankenversicherung AG für das
Hauptgebäude in Köln entstanden, bildet die Installation
Fallen Tears den Höhepunkt der experimentellen Tears-
Serie, für die der Künstler kurze, geschwungene Formen aus
Glas verwendet, die in vielen seiner frühen, kalligraphisch
inspirierten Arbeiten bereits zu erkennen sind (SEL Series,
seit 1978). Die Leuchtstoffröhren sind mit reinem Neon oder
Argon gefüllt und erzeugen so eine extrem farbgesättigte
Lichtwirkung, ohne dass Farbpigmente hinzu gefügt werden.

Bemerkenswert an **Fallen Tears** ist, dass die Neonröhren
nicht wahrnehmbar mit dem Bauwerk verbunden sind,
sondern schwerelos im Raum zu schweben scheinen.
Die gestische Eigenschaft des Neon schafft eine belebte,
in der Luft hängende »Zeichnung«. Die Platzierung von
Fallen Tears im Atrium des mehrere Stockwerke umfassen-
den Gebäudes suggeriert eine Aufwärtsbewegung in
einem Strudel von Licht. Die Arbeit wurde von der Vorstellung
einer Reise der Seele inspiriert, die den Körper verlässt
und in die Sphäre des Vergessens eintritt.

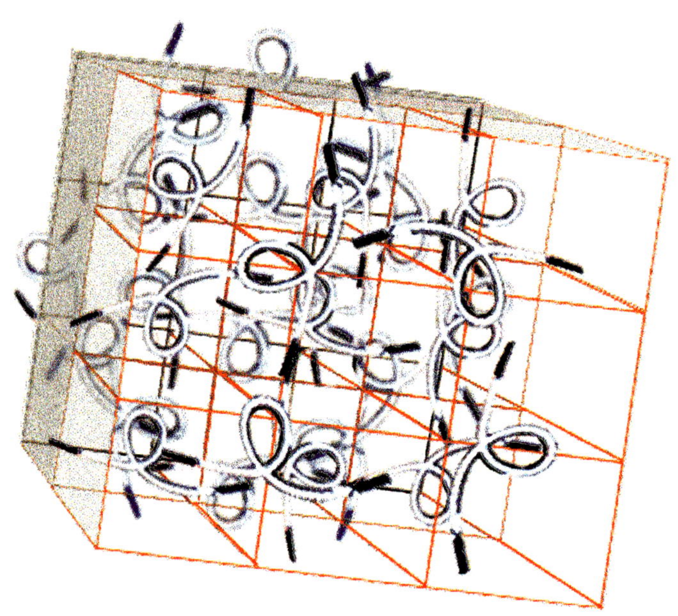

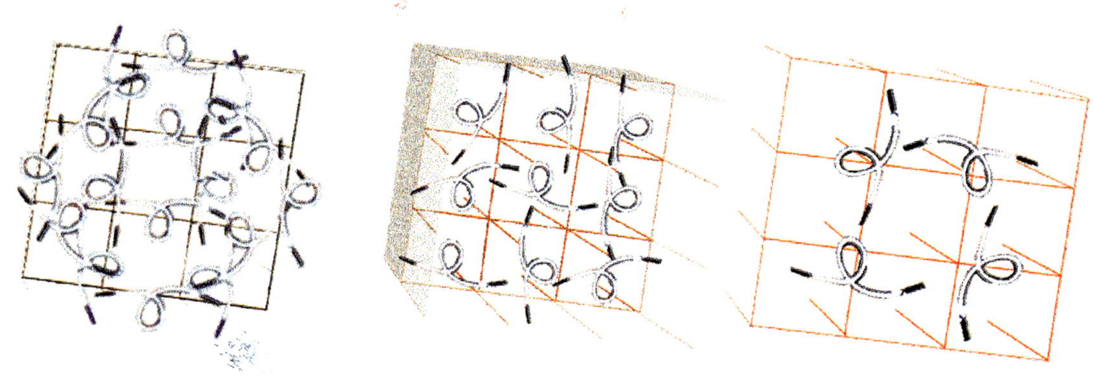

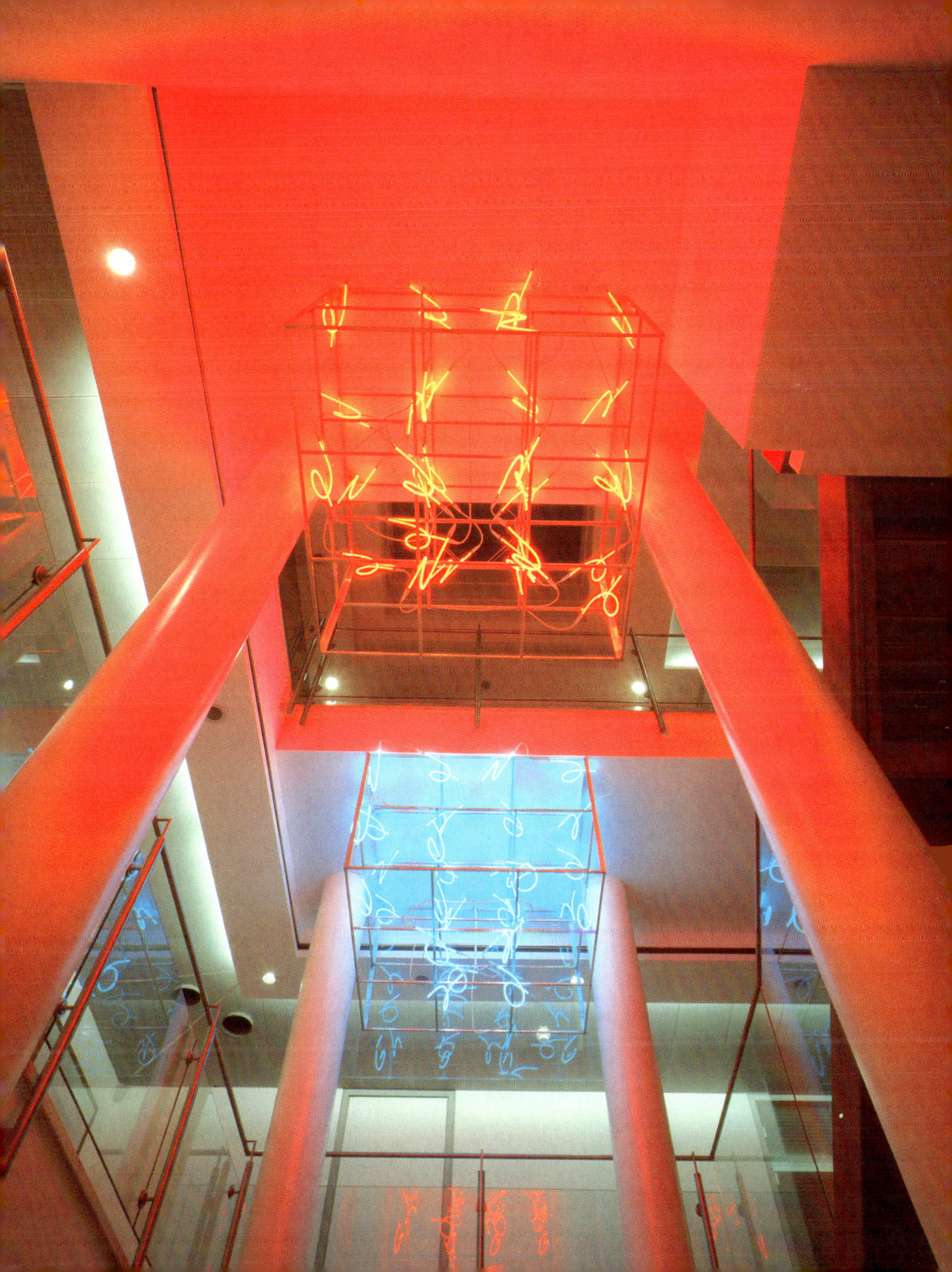

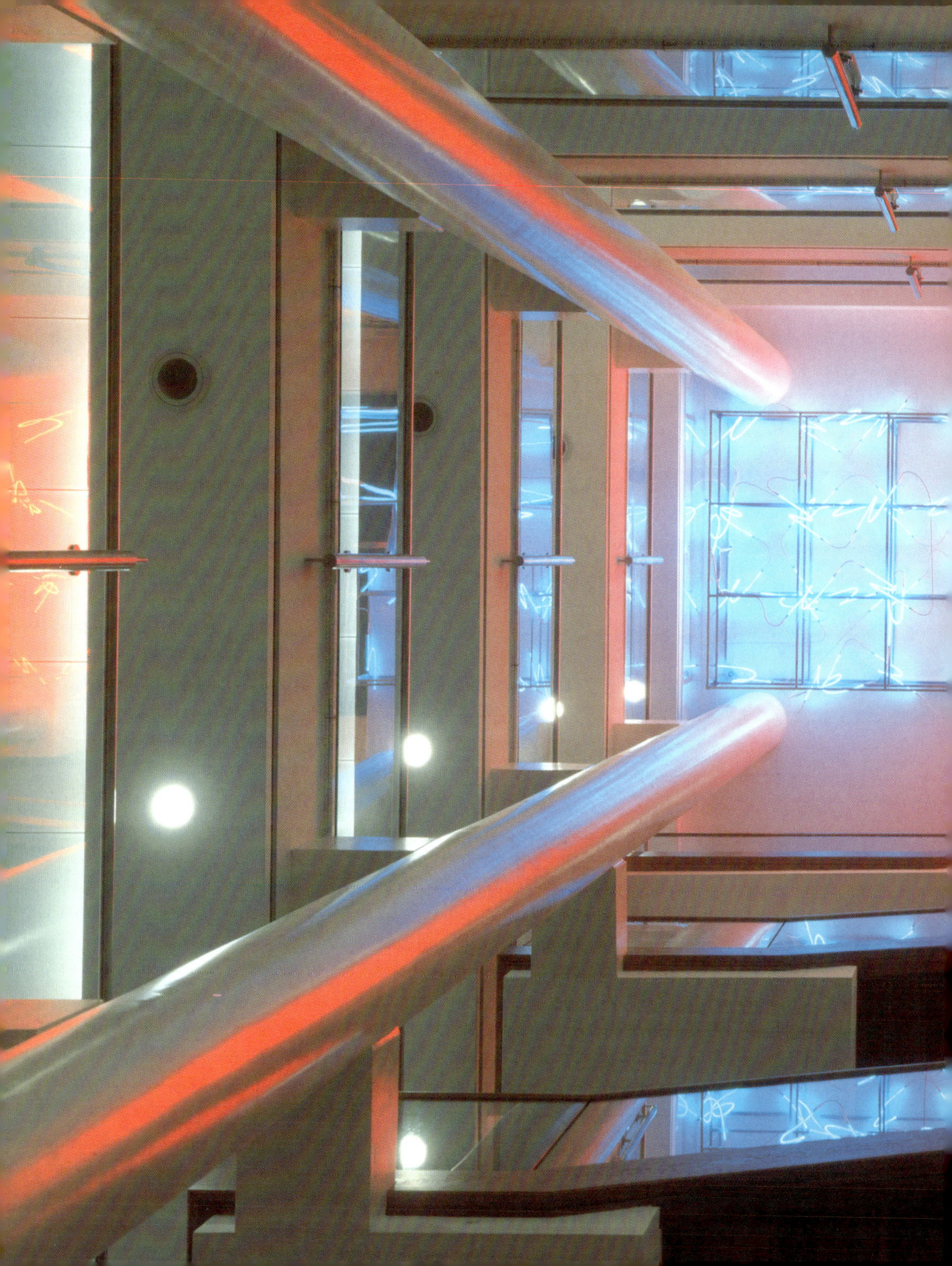

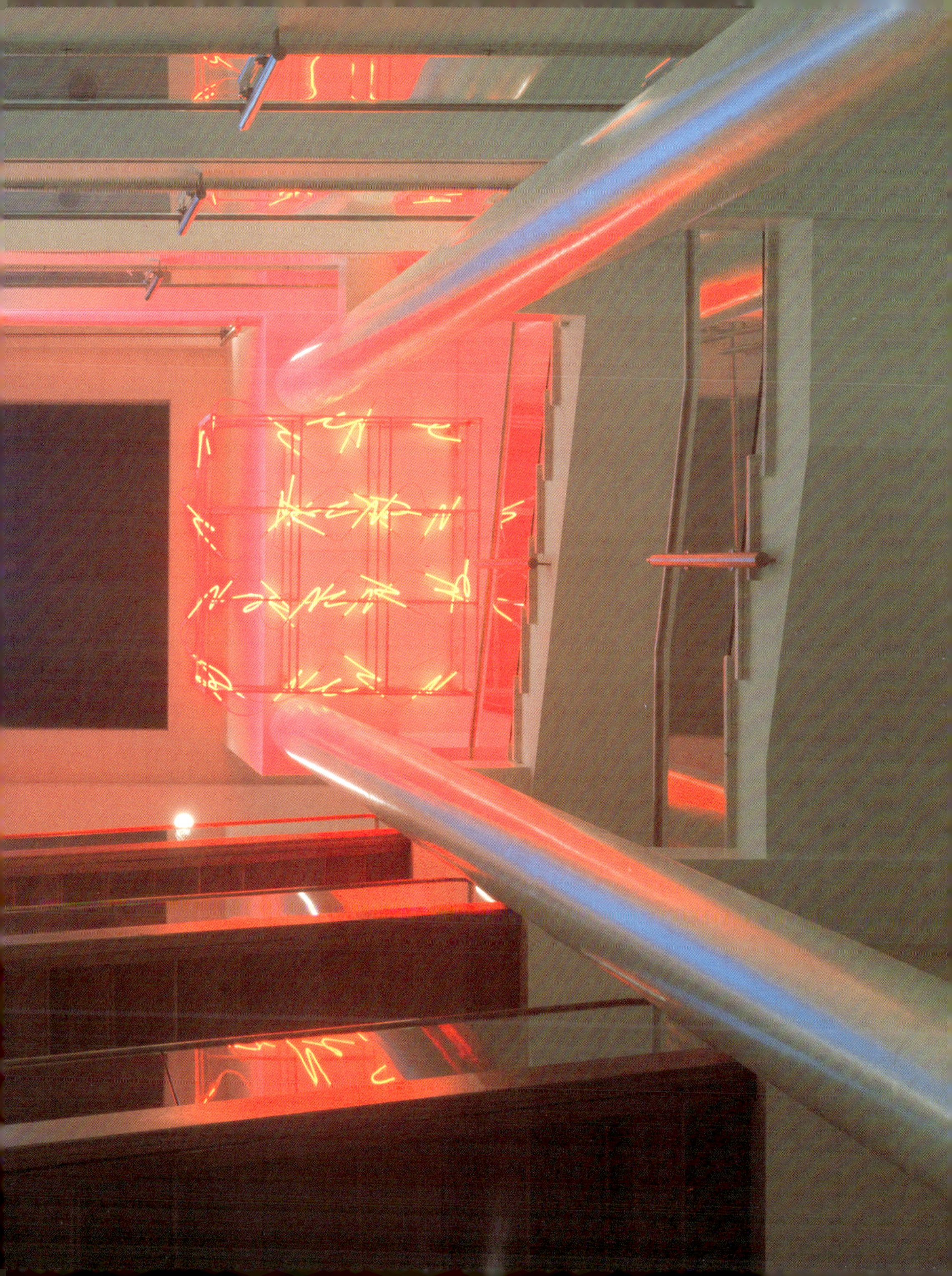

Millennium 2000
Kunsthaus Bregenz, Austria
Temporary outdoor installation
October 2 to November 28, 1999

On the occasion of his exhibition in Bregenz, Keith Sonnier
has created a temporary installation for the Kunsthaus
façade consisting of 512 red, yellow and green neon tubes
which exactly match the proportions of the architectonically
extraordinary façade design of the Kunsthaus Bregenz
by Peter Zumthor. The screen of overlapping opaque glass
plates mounted in front of the building allows the artist
to transport, let through or reflect light and color in the
most different ways, thereby creating a light sculpture that
fulfils his own demands made on work with this medium:
"Light is not only energy, but can also be represented as
matter. Thus, in art it can likewise be used as material, rather
than just a possible way of making something else visible,
even if it is not an object itself."

It is in keeping with Keith Sonnier's way of thinking and working to not only formally respond to local situations, but also to create specifically temporal or cultural connections as far as possible: in the case of the Bregenz installation, it was the turn of the millennium and the city's history which provide the thematic data for an ever-changing design symbolizing the flow of time in numbers and number codes. World time and local time thus correspond to their historical and cultural dimensions. At the turn of the millennium, world flux and local occurrences will increasingly pass synchronically even in remote areas away from city centers.

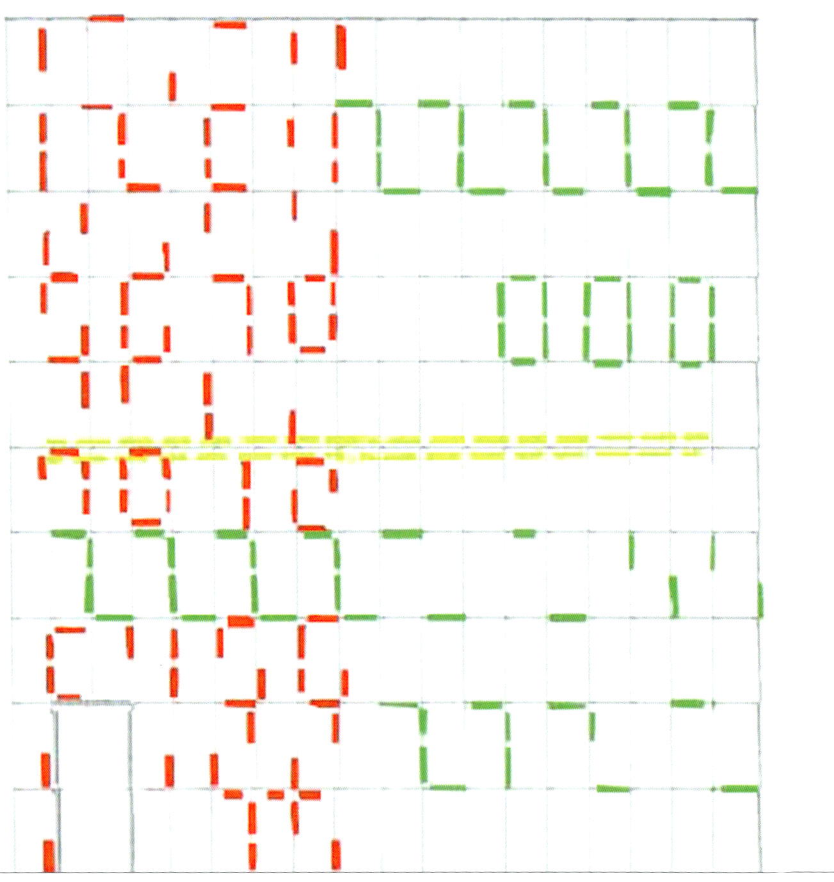

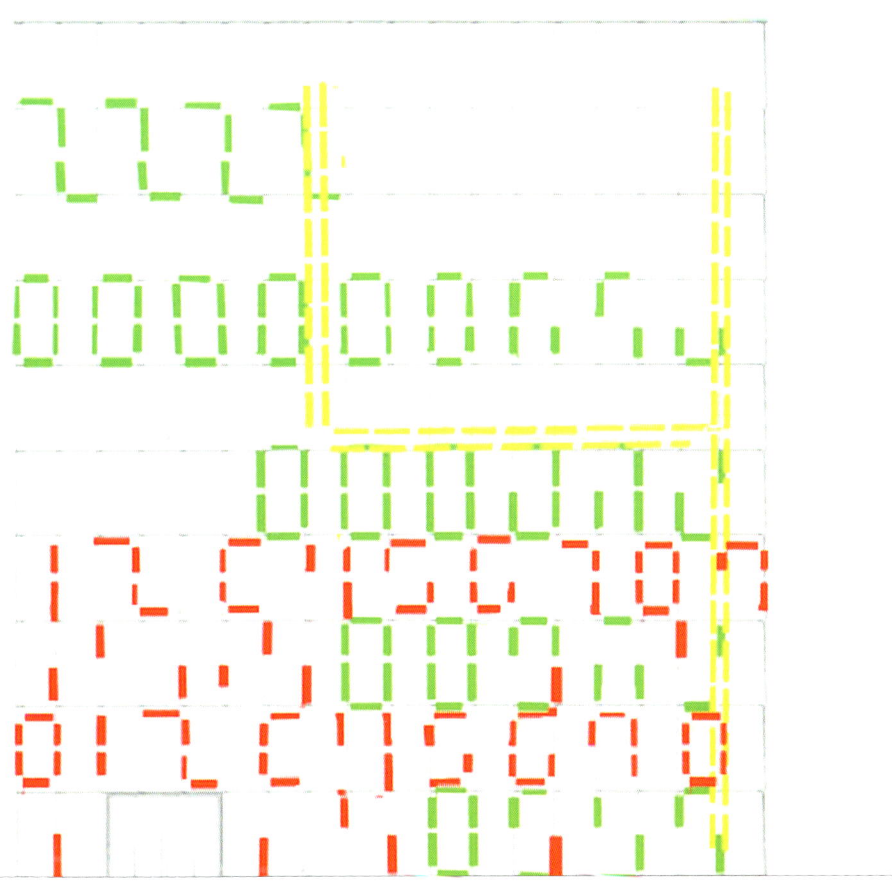

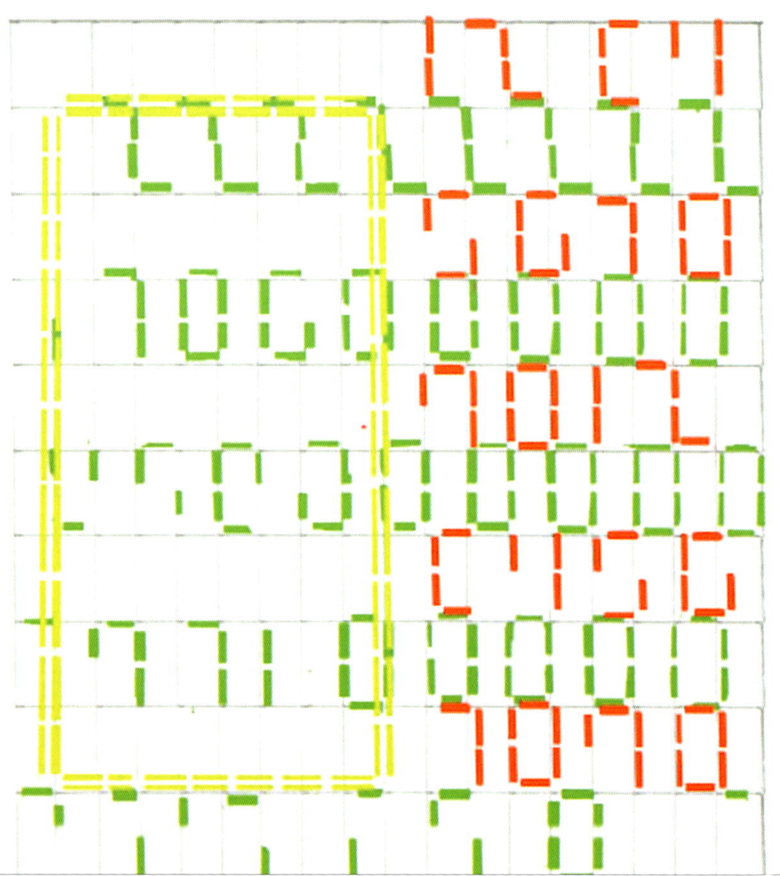

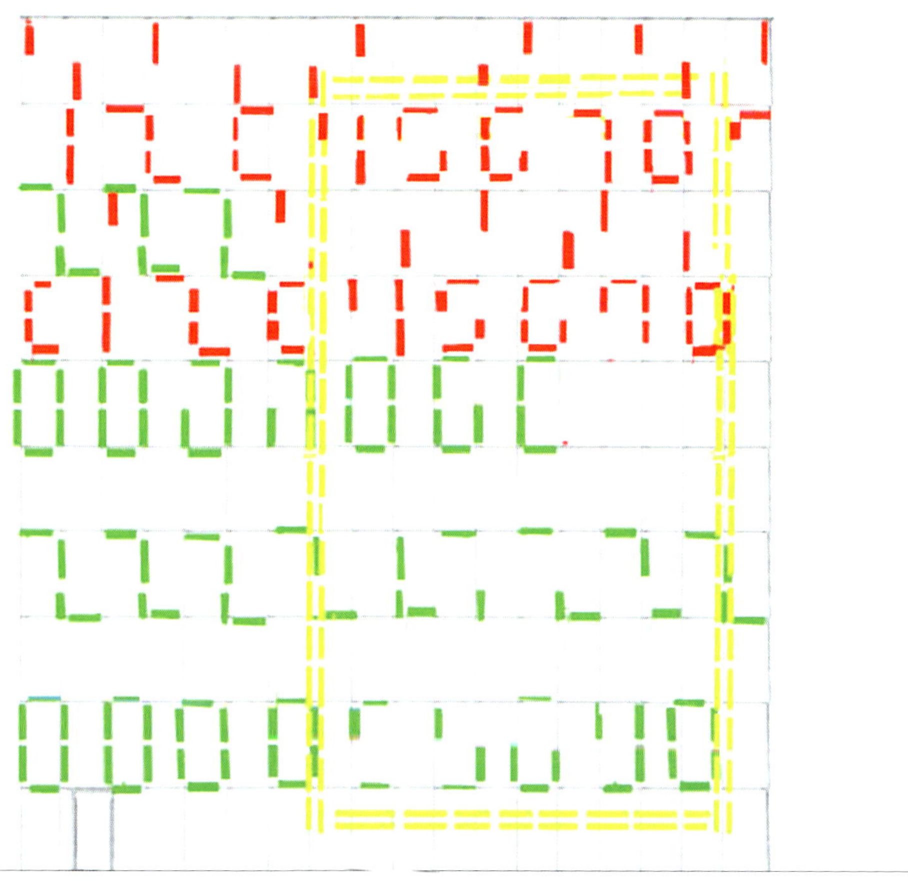

Millennium 2000
Kunsthaus Bregenz
Temporäre Außeninstallation
2. Oktober bis 28. November 1999

Anlässlich seiner Bregenzer Ausstellung hat Keith Sonnier
eine aus 512 roten, gelben und grünen Neonröhren
bestehende temporäre Fassadeninstallation konzipiert,
die genau auf die Verhältnisse der architektonisch einzig-
artigen Fassadengestaltung des Kunsthauses Bregenz
von Peter Zumthor eingeht. Der dem Gebäude vorgesetzte
Raster aus überlagernden opaken Glasplatten erlaubt
es dem Künstler, Licht und Farbe auf unterschiedlichste
Weise zu transportieren, durchzulassen oder zu reflektieren
und so eine Lichtskulptur zu schaffen, die seine selbst
gestellten Ansprüche an den Umgang mit diesem Medium
erfüllt: »Licht ist nicht nur Energie, sondern auch als Materie
darstellbar. So wird es in der Kunst gleichfalls als Material,
nicht nur als Möglichkeit, anderes sichtbar zu machen,
eingesetzt, auch wenn es kein Gegenstand ist.«

Der Denk- und Arbeitsweise Keith Sonniers entspricht es,
nicht nur formal auf örtliche Situationen einzugehen,
sondern so weit wie möglich auch spezifisch zeitliche bzw.
kulturelle Bezüge herzustellen: Im Falle der Bregenzer
Installation waren es der Millenniumswechsel und die
Geschichte der Stadt, die den thematischen Datenhinter-
grund für eine den Zeitfluß symbolisierende, sich permanent
verändernde Gestaltung mit Zahlen und Zahlencodes
liefern. Weltzeit und Ortszeit werden so in ihren historischen
und kulturellen Dimensionen in Beziehung gesetzt. Um die
Jahrtausendwende verlaufen Weltfluss und Ortsgeschehen
auch abseits der großen Zentren zunehmend synchron.

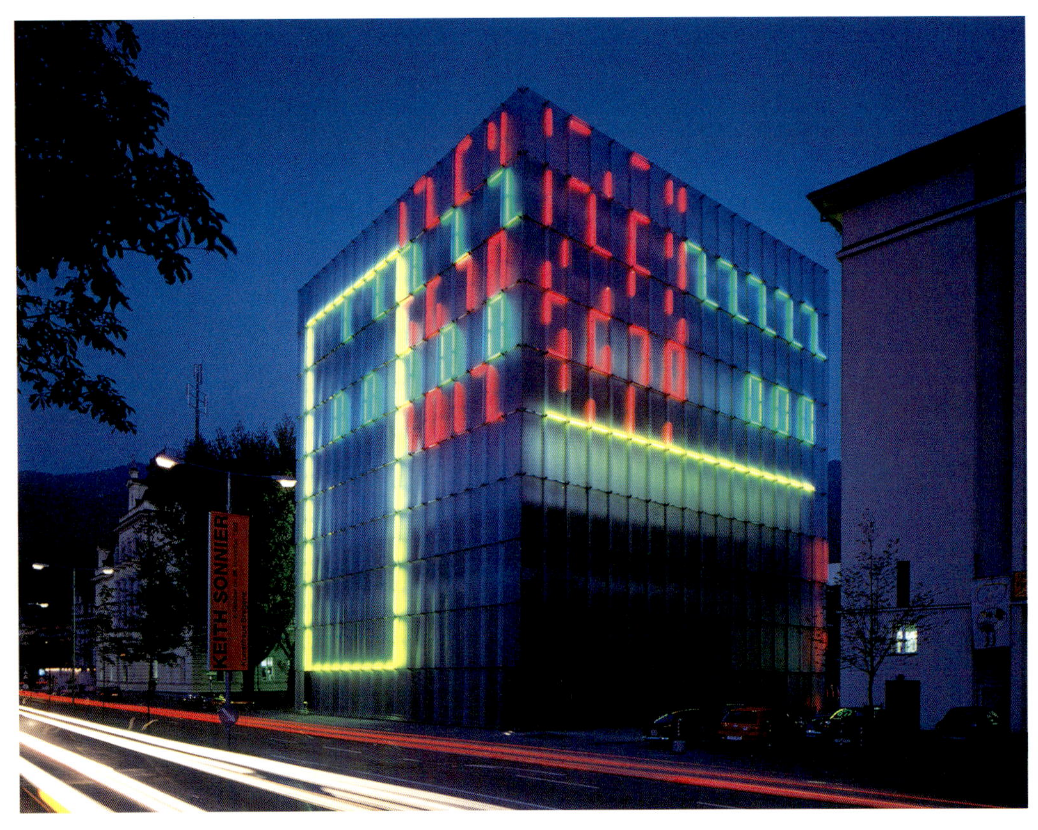
KEITH SONNIER

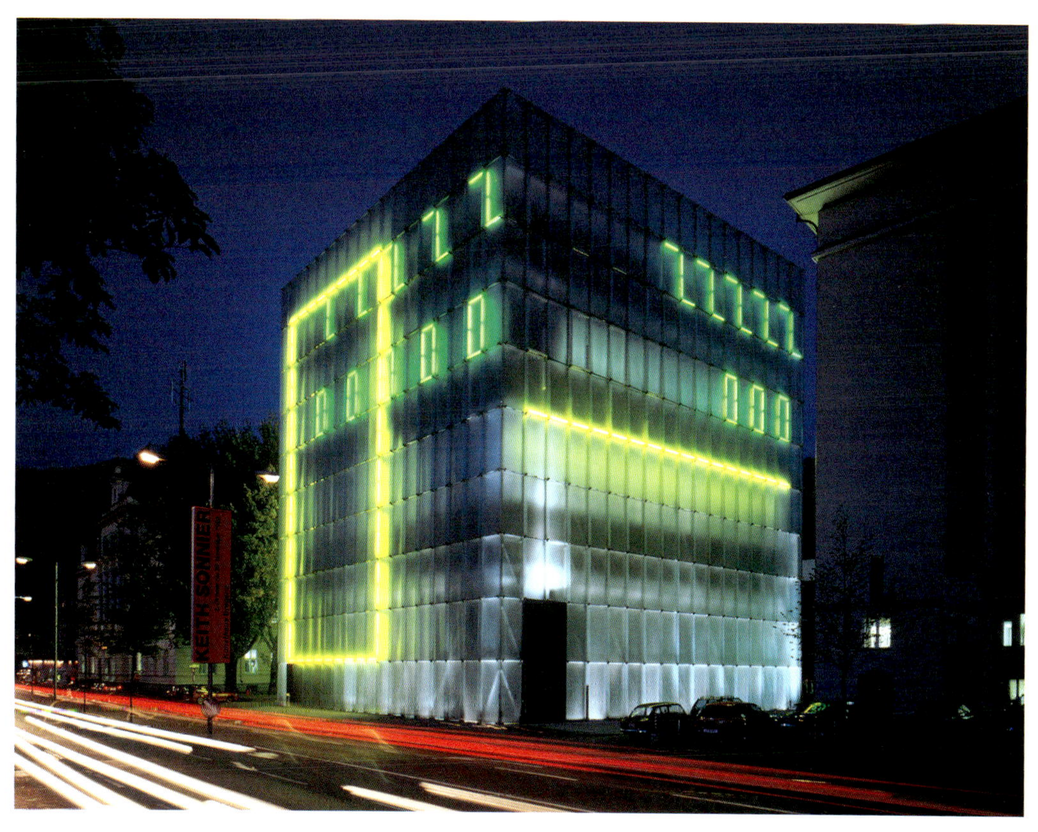

KEITH SONNIER

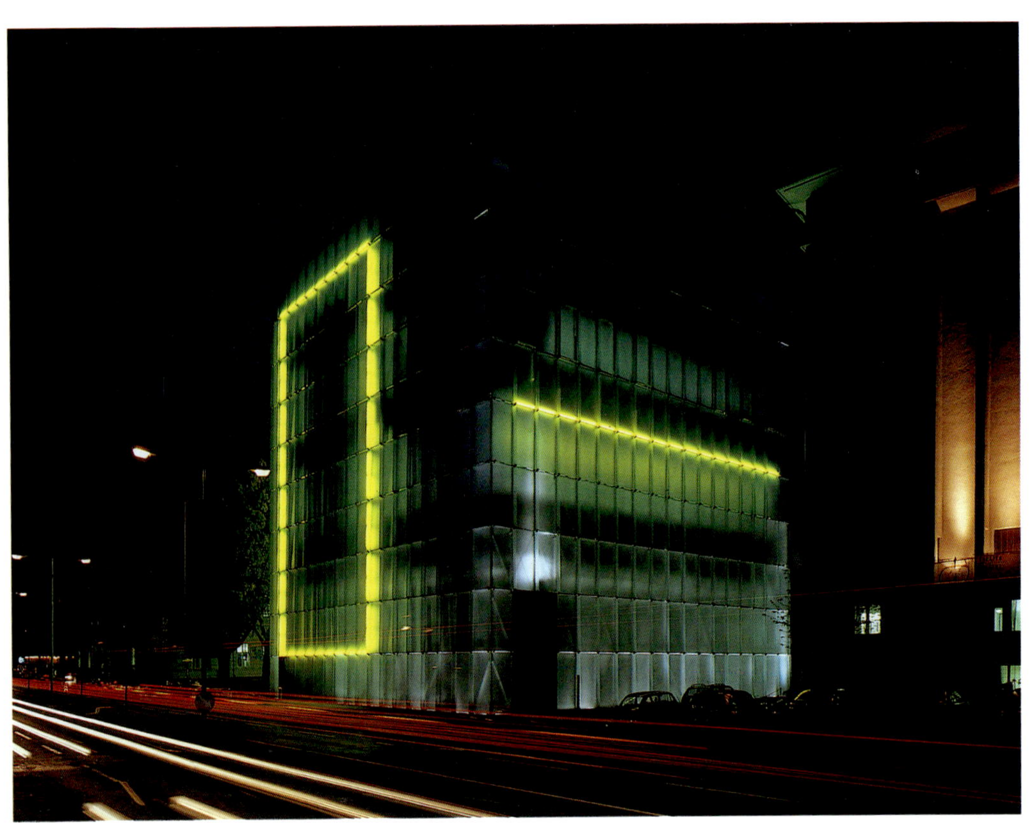

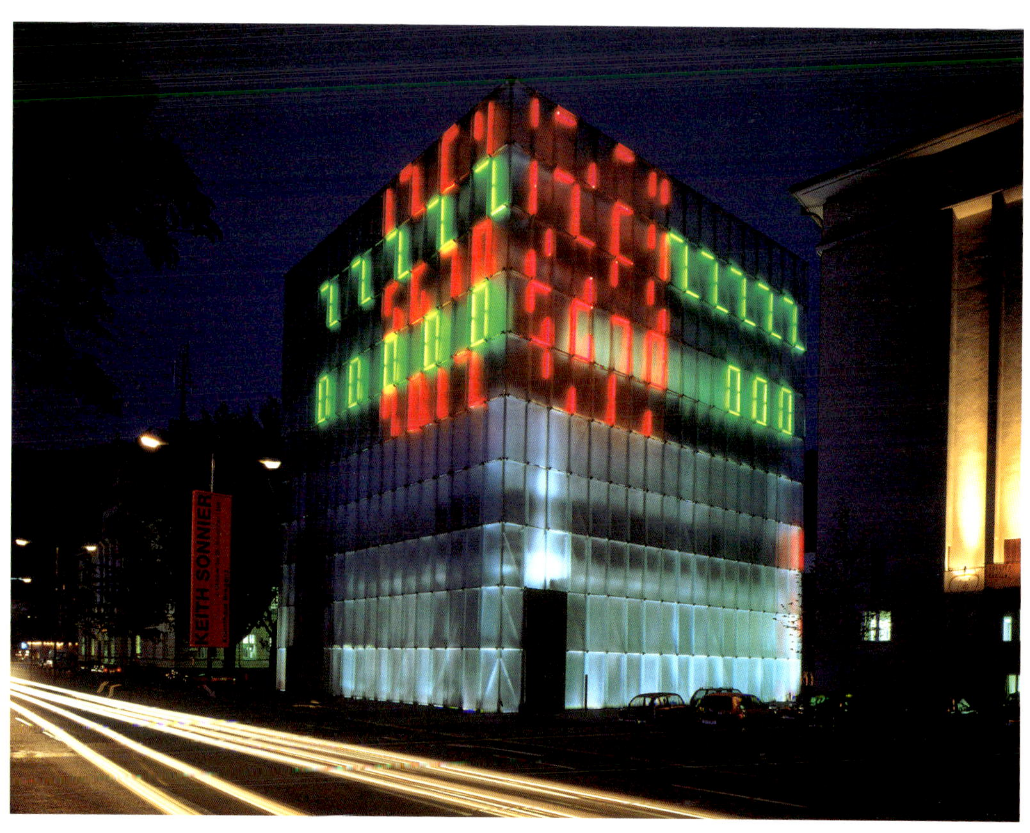
KEITH SONNIER

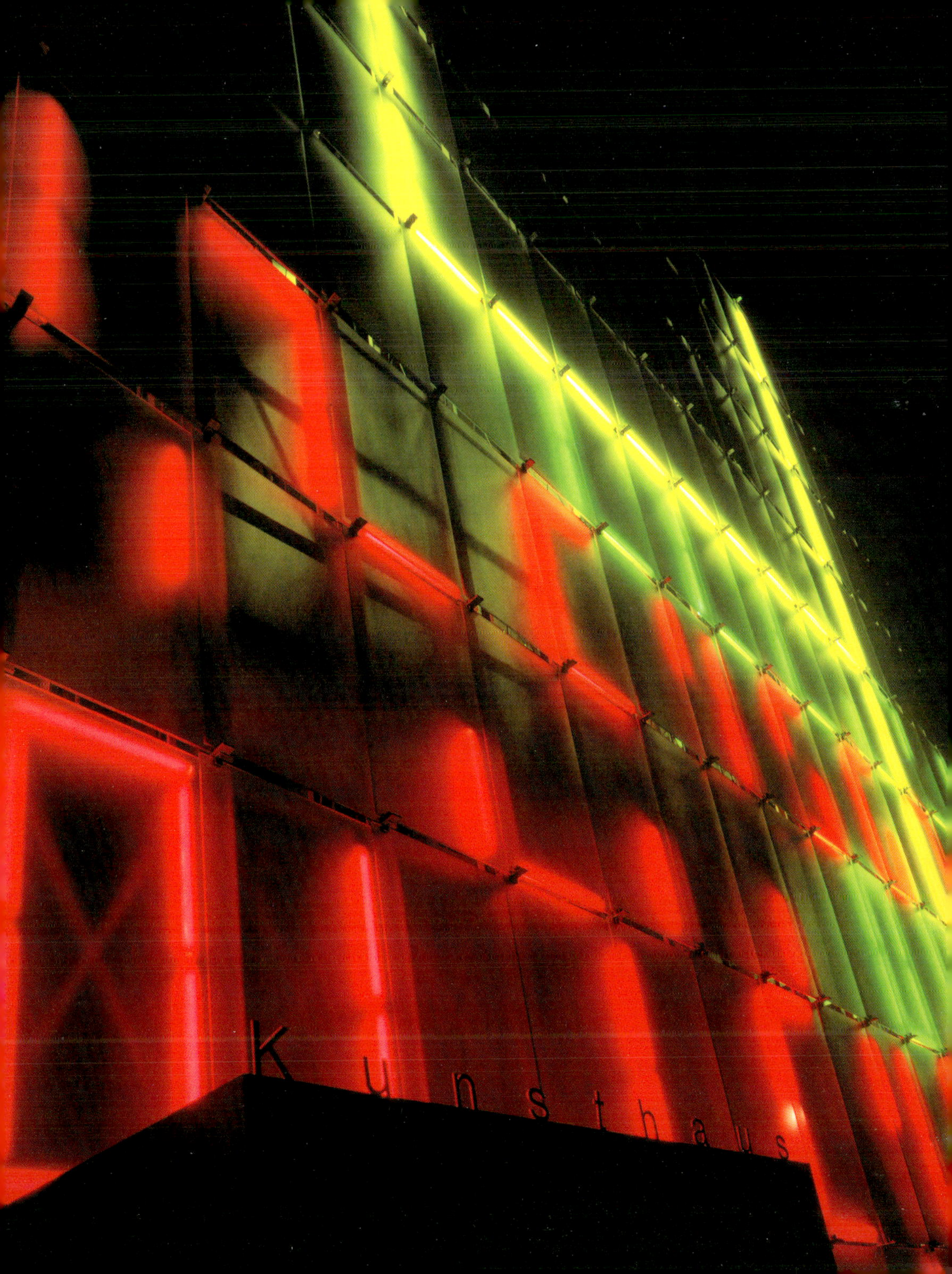
Kunsthaus

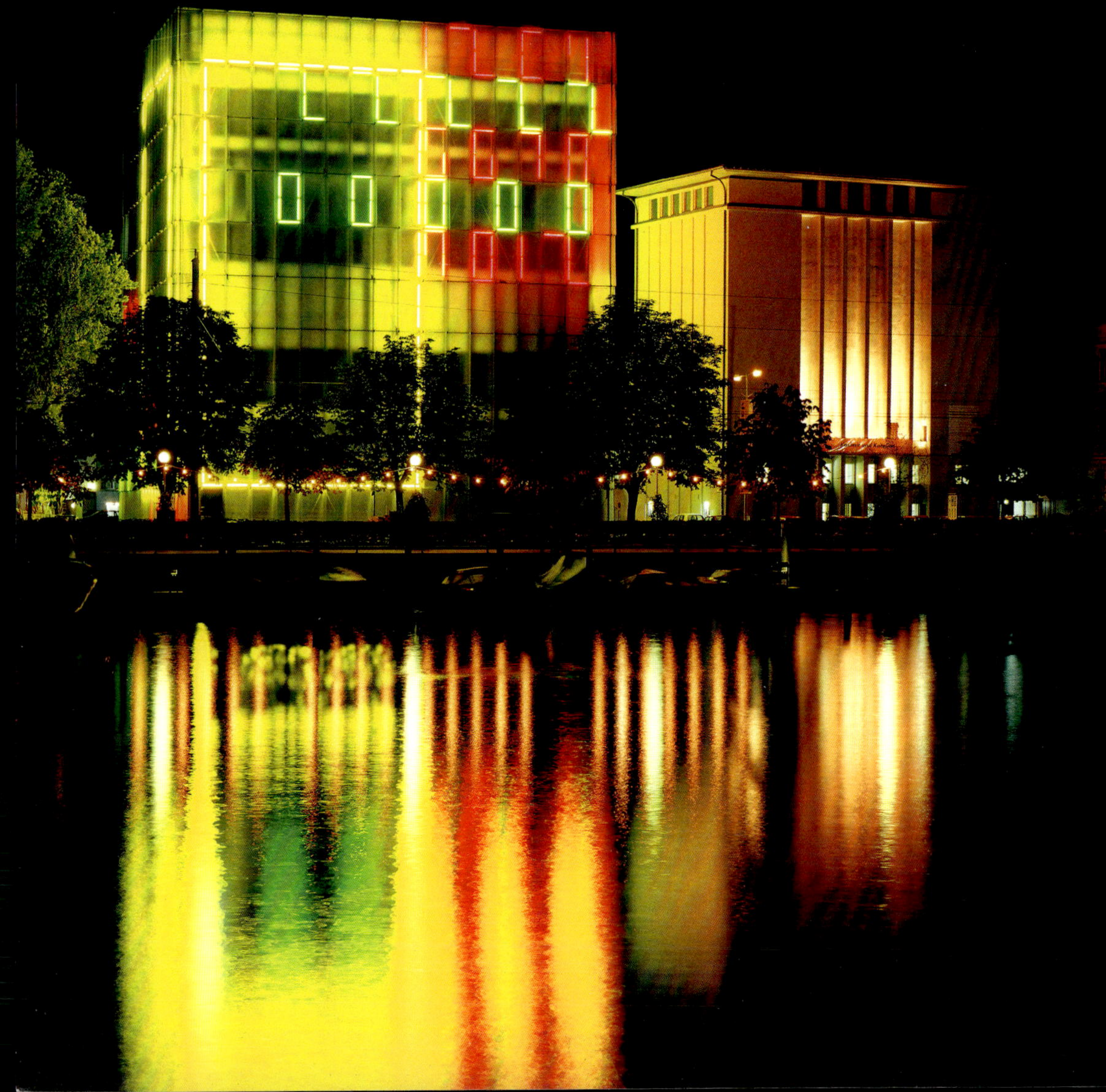

Keith Sonnier and Kunsthaus Bregenz would like to
thank the following galleries for their cooperation on
the occasion of the exhibition in the Kunsthaus
Bregenz, October 2 to November 28, 1999:

Keith Sonnier und das Kunsthaus Bregenz möchten
folgenden Galerien für ihre Zusammenarbeit
anlässlich der Ausstellung im Kunsthaus Bregenz,
2. Oktober bis 28. November 1999, danken:

Galerie Evelyne Canus
Colle-sur-Loup, France

Galerie Cotthem
Knokke-Zoute, Belgium

Häusler Kulturmanagement
Munich

Marlborough Gallery
New York, NY

Galerie Rolf Ricke
Cologne

Keith Sonnier

1941 born in Mamou, Louisiana. Educated at the University
of Southwestern Louisiana, Lafayette, 1959 – 63, B.A., 1963.
Rutgers University, New Brunswick, N.J., Douglass College,
1965 – 66, M.F.A., 1966. Lives and works in New York, NY.

Selected Exhibitions

1970	Museum of Modern Art, New York, NY
1972	Venice Biennial; Documenta 5, Cassel
1976	The Whitney Museum of American Art, New York, NY
1979	Centre Pompidou, Paris
1983	Institute for Art & Urban Resources, P.S.1; Long Island City, NY
1984	The Hara Museum of Contemporary Art, Tokyo
1989	Hirshhorn Museum and Sculpture Garden; Smithsonian Institute, Washington D.C.
1993	Sprengel Museum, Hannover, Kunsthalle Nürnberg
1994	Kunstverein St. Gallen, Kunstmuseum
1997	Museum of Modern Art, New York, NY
1999	Kunsthaus Bregenz, Austria; Aktionsforum Praterinsel, München
2000	Marlborough Gallery, New York, NY

1948 born in Wildegg, Canton Aargau, Switzerland. Studied Architecture at the Swiss Federal Institute of Technology, Zurich. Doctorate. Architect, architectural critic, exhibition designer and publicist. Has been living and working in Vienna since 1985.

Deutsche Bibliothek – CIP-Einheitsaufnahme

Sonnier, Keith:
Public commissions in architecture = Licht und Architektur / Keith Sonnier. [Hrsg.: Kunsthaus Bregenz, Archiv, Kunst, Architektur. Übers.: Herbert Abrell; Mona Norma Schubert; Camilla Nielsen] – Ostfildern-Ruit : Hatje Cantz, 1999 (Werkdokumente / Kunsthaus Bregenz, Archiv, Kunst, Architektur : 16)

ISBN 3-7757-0893-6

Hatje Cantz Verlag
D-73760 Ostfildern / Ruit, Senefeldstraße 12
Phone: (+49-711) 440 50
Fax: (+49-711) 440 52 20
Web: www.hatje.de

Kunsthaus Bregenz
A-6900 Bregenz, Karl Tizian Platz
Phone: (+43-5574) 485 94-0
Fax: (+43-5574) 485 94-8
E-Mail: kub@kunsthaus-bregenz.at
Web: www.kunsthaus-bregenz.at

Editor Herausgeber
Kunsthaus Bregenz, archiv kunst architektur,
Edelbert Köb

All rights reserved
Alle Rechte vorbehalten
© 2000 Kunsthaus Bregenz, Keith Sonnier
and the authors

Idea Konzept
Edelbert Köb, Clemens Schedler, Keith Sonnier

Editorial work Redaktion
Herbert Abrell

Translation Übersetzung
Herbert Abrell
Camilla Nielsen
Mona Norma Schubert

Copy-editing Endlektorat
Claudia Mazanek

Graphic design Gestaltung
Clemens Schedler
Büro für konkrete Gestaltung, Vienna

Photo copyright Bildrechte
© Copyright VG Bild-Kunst / Bonn
and VBK / Wien, 2000

Reproduction works, printer and bookbindery
Reproduktion, Druck und Endfertigung
Agens-Werk Geyer + Reisser, Vienna

Paper Papier
Body: Ikono Silk, 170 g/m^2
Cover: Emotion, schlicht weiß, 240 g/m^2

Number of copies Auflage
2000 copies in April 2000

Printed in Austria